Inhaltsverzeichnis

Praktische Philosophie

Werte & Normen

Grundlegende Fragestellungen der Praktischen Philosophie

– Entwicklung von der Antike bis heute

Tobias Hallschmitt

I. Praktische Philosophie als Hilfe-stellung

Die Praktische Philosophie rückt immer stärker ins Bewusstsein der Menschen. Schulen bieten Kurseinheiten dazu an, in Universitäten lehrt man sie als Teilgebiet der Philosophie, und es gibt viele Seminare, auch online, an jedermann. Sie wurde wiederentdeckt, denn man lehrte sie schon **im Altertum**. Doch vorher entstand eine neue Wissenschaft, die sich etablierte.

Als Anfang des letzten Jahrhunderts die Psychologie als Fachgebiet gegründet wurde, beschäftigte man sich verstärkt damit, Handlungen und Verhaltensweisen von Menschen zu erklären. Diese Wissenschaft erforscht, welche Gefühle und Gedanken in der Vorstellungswelt des Menschen zu welchen Reaktionen führen. Gleichzeitig überprüft man, welche äußeren Einflüsse, vor allem aus der

Kindheit, welche Reaktionen auslösen. Psychische Faktoren als Ursache oder Motiv für bestimmte Handlungsweisen spielen in der „Wissenschaft von der Seele", wie die Übersetzung lautet, eine große Rolle. Die Psychologie sammelt Daten aus menschlichen Erlebnissen, wertet sie aus und zieht Schlussfolgerungen daraus, bedient sich also einer sogenannten empirischen Vorgehensweise. Psychologische Maßnahmen sollen Menschen helfen, besser im Leben zurechtzukommen.

Die Psychologie entwickelte sich in den nachfolgenden Jahrzehnten und wurde zur anerkannten Disziplin. So verstärkte sich die Tendenz in der Gesellschaft, der Frage nachzugehen, warum Menschen in einer bestimmten Weise handeln. Das Verständnis diente auch dazu, Menschen in schwierigen Lebenssituationen zu helfen. Therapiemöglichkeiten etablierten sich. Jetzt rückte auch die Philosophie diese Dinge in den Fokus. Die Praktische Philosophie löste sich aus dem großen Gebiet der Philosophie heraus. Auch ihre Erkenntnisse sollten den Menschen hilfreich zur Seite stehen. Daher konzentrierte man sich auf die Richtungen, die sich auf konkretes Handeln im Leben beziehen.

Die Praktische Philosophie bietet ein leichteres Leben für den Menschen an, indem sie ihm hilft, sich seine Einstellungen bewusst zu machen, zu überprüfen und zu entscheiden, ob er sie verändern will. Diese Erkenntnisse beruhen wiederum auf vielem, was frühere Denker schon vorgaben. In der Praxis ergeben sich immer wieder Überschneidungen mit der Psychologie, aber auch mit anderen Weltanschauungen und Lebenshilfen, etwa beim Coaching oder Ratgebern zur Selbsthilfe.

So erfindet der Autor zahlreicher Selbsthilfe-Werke, **Dan Millman (geb. 1946 in Los Angeles),** eine Romanfigur in Anlehnung an den antiken griechischen Philosophen **Sokrates** und lässt ihn (sinnemäß) ausführen: „Es gibt ein Sprichwort. Wenn du sitzt, dann sitzt du. Wenn du stehst, dann stehst du. Was immer du machst, bleib standhaft. Sobald du eine Wahl getroffen hast, dann führe dein Vorhaben mit aller Tatkraft auch aus. Verhalte dich nicht wie ein Prediger, der sich seine Predigt überlegt, während er mit seiner Frau schläft, und mit seiner Frau schläft, während er predigt. Es ist besser, mit hundertprozentigem Einsatz einen Fehler zu machen, als Fehler wegen einer zaudernden Haltung zu vermeiden." Weiter weist er darauf hin, dass Verantwortung sowohl eine Freude ist wie auch ein Preis, den man im Leben zahlt. Schon hier zeigt sich, dass psychologische Ratschläge und eine philosophische Einstellung zum Leben sich kreuzen können.

Die wesentlichen Ideen und Vorstellungen der Praktischen Philosophie wurden in der Antike geprägt. Heute nimmt man vieles wieder auf und erweitert es im Hinblick auf die komplex gewordene Welt.

II. Grundlegende Fragestellungen der Praktischen Philosophie

In der Philosophie geht es grundsätzlich darum, die Welt und die menschliche Existenz zu ergründen und weniger darum, einem Individuum in einer speziellen Situation weiterzuhelfen. Umgekehrt kann jedoch eine klare Position zu grundlegenden Fragen, die die Welt und die menschliche Existenz betreffen, eine große Hilfe für einen Menschen in bestimmten Situationen sein, von Alltagsereignissen bis zu außergewöhnlichen Vorkommnissen.

Die Philosophie beschäftigt sich mich Fragen wie:

⊕ Wer bin ich? Woher kommt das, was existiert?

⊕ Was ist die Welt? Was ist der Sinn

des Daseins?

⊕ Wie komme ich zu Erkenntnissen und Wissen?

⊕ Welche Ansichten und Handlungen sind moralisch vertretbar? Welche nicht?

⊕ Gibt es einen Schöpfer? Gibt es eine Fortexistenz nach dem Tode?

Die Praktische Philosophie fokussiert ihre Fragestellungen nun auf die Fragen, die das menschliche Handeln betreffen und weniger auf theoretische Erkenntnisse. Insofern setzt sie sich von der theorielastigen Wissenschaft ab und bezieht sich stark auf das Individuum. **Deshalb stehen hier die – ebenfalls tiefgreifenden philosophischen – Fragen im Vordergrund:**

⊕ Was will ich?

⊕ Was soll ich tun?

⊕ Wie werde ich glücklich im Leben?

Ist man beispielsweise der Auffassung, man hätte zu wenig Geld, so kann man zwischen verschiedenen Alternativen wählen. Man kann sich darum kümmern, mehr zu verdienen, man kann es beim Status quo belassen, man kann sich etwas leihen, und man könnte sogar kriminell handeln, wie z. B stehlen. Eine theoretische Erörterung, warum Geld in der Gesellschaft in der Weise verteilt ist, wie es ist, und ob das gerecht ist, hilft nicht weiter. **Eine Hilfestellung ist die Auseinandersetzung mit Fragen wie:**

- ⊕ Wie geht es mir, wenn ich mich so oder so entscheide?

- ⊕ Welche Auswirkungen hat es?

- ⊕ Ist es moralisch verantwortbar?

Die Praktische Philosophie bettet solche Fragestellungen in den allgemeinen Lebenszusammenhang ein:

- ⊕ Was bedeutet Geld für mich?

- ⊕ Kann ich diese Einstellung ändern?

- ⊕ Brauche ich das, was ich mir für Geld kaufen will, wirklich?

- ⊕ Was bedeutet es, mir Geld zu leihen?

- ⊕ Will ich gegen die Gesetze verstoßen?

- ⊕ Und schließlich: Was würde das für mein weiteres Leben heißen? Welche weitreichenden Änderungen können eintreten?

Es gibt viele Situationen, in denen solche Fragen eine große Rolle spielen, beispielsweise, wenn ein Freund um etwas bittet, was man nicht gerne tut. Wovon hängt die Entscheidung, es zu tun oder nicht, ab? Die Bandbreite könnte von der eigenen Bequemlichkeit bis zum Zweifel daran, ob das Gefragte noch legal ist, reichen. Wie ist die eigene moralische Einstellung zu der Entscheidung? Welche Auswirkung hat das auf die Freundschaft? Welchen Prinzipien, die man hat, will man treu bleiben?

Dass Praktische Philosophie die konkrete Handlungsweise im Hier und Jetzt betrifft und keine geistreichen Ausführungen über die Dinge und das Sein gefordert sind, machte schon der antike griechische Denker **Epiktet** klar (sinngemäß): „Wenn du an einem Festmahl teilnimmst, dann erkläre nicht, wie man essen sollte, sondern iss einfach, wie man es eben tut. Schafe bringen auch kein Gras zu ihren Schafhütern und zeigen ihnen, wie viel sie gefressen haben. Sie verdauen ihr Futter und produzieren auf diese Weise Wolle und Milch."

Die Praktische Philosophie zielt nicht, wie die theoretische, darauf ab, die Gegebenheiten zu verstehen. Es ist in diesem Beispiel nicht wichtig, zu wissen, warum man in seiner Kultur mit Messer und Gabel isst. Wichtig ist, das eigene Handeln auf die Situation abzustimmen. Wie man handelt, bzw. Handlungen herbeiführt, und warum man sich **für bestimmte Handlungen entscheidet oder nicht entscheidet**, ist die Kernfrage, ebenso natürlich, warum man Handlungen unterlässt oder eben nicht. Je schwerwiegend eine Situation ist, desto wichtiger ist es, sich über die Kriterien und die Gründe des eigenen Verhaltens im Klaren zu sein.

Natürlich spielen die Gesellschaftsform und die Kultur bei jeder Entscheidung eine große Rolle. Der große Philosoph **Aristoteles** hielt es für völlig legitim, Sklaven zu halten. Er ging davon aus, dass manche Menschen eben als Sklaven geboren werden, wobei er in erster Linie an die Menschen der Länder dachte, die sein Schüler, Alexander der Große, eroberte. In unserer Welt ist es z. B. für Hundehalter unvorstellbar, dass in anderen Gesellschaften Hunde als Nahrungsmittel dienen. Reist man in diese Länder, so helfen Erörterungen darüber, warum die Ernährungsgewohnheiten gesellschaftlich und kulturell so sind, nicht weiter, wenn man Hundefleisch vorgesetzt bekommt. Man muss eine Entscheidung treffen. Nun ist es ein Unterschied, ob es sich um eine versehentliche Bestellung im Restaurant handelt oder ob ein Geschäftsfreund zum Essen eingeladen hat. Die Auswirkungen sind verschieden. In schwierigen Situationen kommt es oft zum Konflikt zwischen verschiedenen Prinzipien, z. B. Tierliebe und Loyalität gegenüber der Firma, in der man arbeitet. Es ist deshalb gut, wenn man sich seiner wichtigsten Überzeugungen und Prioritäten bewusst ist, d. h., schon früher über sie nachgedacht hat.

III. Wertvorstellungen und Nor- men

1. Philosophische Überlegungen

Die Praktische Philosophie leitet dazu an, sich über seine eigenen Wertvorstellungen und Normen, nach denen man im Allgemeinen handelt, die aber oft im Unterbewusstsein schlummern, klar zu werden. Tut man das, wird sie zur Hilfestellung im Leben. Es gibt nicht grundsätzlich richtig oder falsch, verschiedene Menschen entscheiden sich verschieden. Allerdings muss man die Konsequenzen seines Handelns immer einbeziehen. Für das Individuum ist es das Beste, wenn eine Entscheidung im Rahmen der geltenden Gesetze liegt. Sonst stellt man sich gegen die Grundwerte der gesamten Gesellschaft und wird kaum noch Verständnis finden. Für die philosophischen Überlegungen sind aber keine Grenzen gesetzt, es ist sogar besser, sich alle Alternativen bewusst zu machen. Umso mehr steht man zur Entscheidung. Dass diese stets nicht krimineller Natur sein sollte, versteht sich von selbst.

2. Friedrich Nietzsche (1844 – 1900)

Der deutsche Philosoph Friedrich Nietzsche entwickelte zur Bedeutung, die jede Entscheidung im Leben innehat, das **Gedankenexperiment der „ewigen Wiederkunft".** Man soll sich vorstellen, dass man das Leben, das man bislang gelebt hat, unendlich oft wiederholt. Es wird nichts Neues darin geben. Dieselben Freuden und dieselben Sorgen und Nöte werden auftreten, alle in derselben Reihenfolge. Jede einzelne Spinne, die einem begegnet ist, und jeder Mondenschein kommen in genau dieser Weise wieder. Würde man diese Vorstellung verfluchen oder als wundervolle Idee betrachten? Nietzsche behauptet, dass sie, wenn sie von einer Person Besitz ergriffen hat, diesen Menschen entweder ändert oder zerbricht. Er leitet daraus ab, dass man sich stets die Frage stellen soll, ob das, was man tut, die bestmögliche Entscheidung ist. Ob diese Forderung immer in die Tat umgesetzt werden kann, sei dahingestellt. Jedenfalls zeigt seine Idee, dass man die Fähigkeit, seine Handlungen bewusst und klar zu steuern, drastisch unterschätzen kann. Reflektierte, vor sich selbst verantwortete Entscheidungen führen jedoch zu einem authentischen Leben.

Wie stark Überzeugungen, die auf Praktischer Philosophie beruhen, wirken, zeigen extreme Lebenssituationen. Hier sind zwei Beispiele für das Anwenden Praktischer Philosophie, einmal mit Kenntnis der philosophischen Lehre, wie bei Stockdale, und einmal ohne ein entsprechendes Vorwissen, aus der eigenen Lebensphilosophie heraus, wie bei Cornum.

3. Beispiele aus dem 20. Jahrhundert

James Stockdale (1923 – 2005)

James Stockdale war ein hoher amerikanischer Offizier, der im Vietnamkrieg in Gefangenschaft geriet. Von den acht Jahren, die er im Lager verbrachte, hielt man ihn vier Jahre in Einzelhaft. Eine Folge von Folterungen war, dass er wegen gebrochener Beine den Rest seines Lebens humpelte. Er hatte sich jahrelang mit dem Denken des Philosophen Epiktet beschäftigt. Am meisten hatte ihn die These beeindruckt, dass man zwischen dem, was man kontrollieren kann, und dem, was man nicht kontrollieren kann, unterscheiden soll, insbesondere, wenn das Unkontrollierbare Leiden verursacht. Das, was außerhalb der eigenen Kontrolle liegt, soll man akzeptieren, sonst macht man sich das Leben noch schlimmer, wenn Schicksalsschläge eintreten. Diese Auffassung machte er sich von dem Augenblick an, als sein Flugzeug abgeschossen wurde, bewusst und konsequent zu eigen. Später berichtete er, dass er sofort nach dem Absturz zu sich sagte: **„Ich verlasse jetzt die**

Welt der Technologie und betrete die Welt von Epiktet.“

Er fragte sich in den Jahren der Gefangenschaft oft, was er in all den schrecklichen Dingen, die ihm widerfuhren, noch Positives sehen könnte, und kam als überzeugter Soldat zu dem Schluss, dass das Überleben der Gefangenschaft seine Tapferkeit bewies. Viele Textstellen von Epiktet kannte er auswendig und sprach sie sich immer wieder vor, z. B. (sinngemäß) „Wünsche dir nicht, dass die Dinge so eintreten, wie du es gerne hättest. Wünsche dir, dass sie so eintreten, wie sie eintreten. Dann kannst du das Leben leichter nehmen.“ Die konsequente Anwendung der antiken Praktischen Philosophie brachte ihn zu der hilfreichen inneren Einstellung: „Gut und Böse sind keine Abstraktionen, mit denen du einfach so herumhantierst, über sie Lektionen erteilst und Personen die eine oder andere Eigenschaft zusprichst. Das einzig Gute und Böse, das irgendetwas bedeutet, befindet sich in deinem Herzen, innerhalb deines Willens und deiner Macht.“

Er schloss daraus, analog zu Epiktet, dass das, was ihm widerfuhr, an sich weder gut noch böse war. Denn es lag außerhalb seines Willens. So überstand er die Gefangenschaft, in der er manches Mal dachte, er würde sie nicht mehr aushalten. Insbesondere half ihm die Tatsache, dass Epiktet eine Behinderung an einem Bein hatte, die ihm das Laufen erschwerte. Als man Stockdale ein Bein gebrochen hatte, sagte er sich immer wieder, dass diese Behinderung nicht seinen freien Willen einschränkte. Er selbst wäre immer noch er selbst, eine körperliche Einschränkung könnte seinen Geist und seinen Willen nicht zerstören. Dass Epiktet immer gesagt hatte, man solle keinen Suizid begehen, sondern auf das göttlich bestimmte Ende warten, bewahrte ihn vor dem letzten Schritt, der ihm oft sehr nahe war.

Denselben Aspekt aus der Praktischen Philosophie zeigt auch **der buddhistische Mönch Ajahn Brahm** in einer Erzählung auf. Er berichtet von einem König, der auf der Jagd eine Fingerverletzung erleidet. Als sein Leibarzt ihn behandelt, fragt der König, ob es denn wieder gut werde. „Gut oder schlecht, wer weiß das schon", ist die Antwort des Doktors. Nach einiger Zeit verschlimmert sich der Zustand des Fingers so sehr, dass er ihn amputieren muss, woraufhin der König ihn einsperren lässt. Er sucht ihn auf und fragt ironisch, wie es denn in der Haft so wäre. Als Erwiderung bekommt er „Gut oder schlecht, wer weiß das schon" zu hören. Einige Zeit später gerät der König auf der Jagd in die Hände von Eingeborenen, die ihn den Göttern opfern wollen. Doch sie bemerken, dass er nur neun Finger hat, und lassen ihn als minderwertiges Individuum, der Gottheiten nicht würdig, laufen. Nun lässt der König den Arzt frei und entschuldigt sich. Doch der erwidert nur, dass er, wäre er nicht im Gefängnis gewesen, mit auf der Jagd und daher ebenfalls in die Hände der Eingeborenen geraten wäre. Und er verfügte über zehn Finger.

In einer vergleichbaren Geschichte hat ein Junge von Geburt an ein kürzeres Bein, weswegen er in der Schule gehänselt wird. Später schützt ihn seine Behinderung jedoch davor, in den Krieg ziehen zu müssen. Auch wenn es sich hier um buddhistische Geschichten handelt, kommt eine typische Aussage der Praktischen Philosophie zum Zug. Ein Phänomen nicht als „an sich" gut oder schlecht zu beurteilen, sondern sich eines Urteils zu enthalten. So kann der freie Wille in schwierigen Situationen besser eingesetzt werden, und man unterliegt nicht einer eingefahrenen Haltung, dass etwas schlecht ist, weil es in bestimmten Situationen Schmerz verursacht hat. Das unterscheidet auch den menschlichen Verstand von tierischen Verhaltensmustern. Was ein Tier einmal als schmerzhaft empfand, meidet es immer wieder.

Rhonda Cornum (geb. 1954)

Rhonda Cornum war Militärärztin und agierte u. a. im Golfkrieg vorwiegend als Chirurgin. Im Februar 1991 war sie an einer Rettungsaktion von verletzten Soldaten beteiligt. Ihr Hubschrauber wurde abgeschossen, wobei die anderen Soldaten starben. Sie konnte sich verletzt, u. a. mit gebrochenen Armen, retten. Sofort war ihr klar, dass sie in die Hände von irakischen Soldaten fallen würde, und nahm die Haltung ein: **Niemand stirbt an Schmerzen**. Kurz nach der Gefangennahme wurde sie von einem der Soldaten vergewaltigt. Später wurde sie zum Schein hingerichtet. Trotzdem kümmerte sie sich noch um die anderen Gefangenen. Gab es etwas, was sie positiv wahrnehmen konnte, so tat sie das bewusst intensiv, beispielsweise als ein irakischer Soldat ihr etwas zum Anziehen gab. Sie war sieben Tage lang in Gefangenschaft und wurde am achten Tag aufgrund von Verhandlungen befreit. Sie war die ganze Zeit über der unerschütterlichen Überzeugung gewesen, dass man sie nicht im Stich lassen würde, und tatsächlich hatten die Amerikaner Vorkehrungen getroffen, das Gefängnis bei mangelndem Verhandlungserfolg zu stürmen.

Nach ihrer Rückkehr stellte sie sofort fest, dass sie nach ihrer Genesung ihren Job als Militärärztin wieder aufnehmen und verletzte Soldaten retten würde. Nach zurückgebliebenem Trauma befragt, sagte sie, sie wäre nicht nur eine bessere Ärztin, sondern überhaupt ein besserer Mensch geworden. Sie könnte ihre verletzten, hilflosen Patienten jetzt viel besser verstehen, und Freundschaften erschienen ihr nun wertvoller. Auch aufgrund dieser Aussage widmete sich die Forschung nicht mehr nur posttraumatischen Störungen, sondern auch posttraumatischem Wachstum. Man stellte fest, dass Menschen nach vergleichbar schlimmen Erlebnissen verschieden reagieren. Während die einen intensive psychologische Betreuung benötigen, um das Trauma zu bewältigen, und schwer ins normale Leben zurückfinden, entwickeln die anderen eine intensivere Beziehung zum Leben.

Rhonda Cornum wurde gefragt, wie sie es geschafft hatte, nach diesen Ereignissen kein Trauma davongetragen zu haben. Aus ihrer Antwort ging hervor, dass es ihr gelang, im richtigen Moment ihren Verstand einzuschalten und sich die richtigen Fragen zu stellen – wie aus einem Lehrbuch für Praktische Philosophie.

Sie stellte sich in den schwierigsten Situationen folgende Fragen:

- ⊕ Wird die aktuelle Situation verhindern, dass ich der Gefangenschaft entkomme?

- ⊕ Beinhaltet sie das Risiko zu sterben?

- ⊕ Führt sie zu einer dauerhaften Behinderung oder Verunstaltung?

Sie entschied sich für eine Verneinung aller Fragen, woraus sie Kraft und Hoffnung schöpfte. Im Nachhinein betonte sie in Interviews, dass man nicht so viel Aufhebens von dem, was sie im Kriegsdienst erlitten hatte, machen sollte. Schließlich würden in der Zivilgesellschaft täglich zahlreiche Frauen misshandelt und die Männer im Kriegsdienst mit Elektroschocks gefoltert (sie war eine von zwei weiblichen Kriegsgefangenen im Golfkrieg), wovon man dann ebenfalls ausführlich reden müsste. Als man sie zum Schein exekutierte, waren ihre (subjektiv als die letzten empfundenen) Gedanken, dass ihr Tod nicht einmal eine

Minute dauern und schmerzfrei sein würde – für eine Offizierin, beschloss sie, wäre das nicht der schlechteste Tod. Dann senkten die Soldaten die Gewehre, die Schein-Hinrichtung war vorbei. Einer der Aussprüche, mit denen Cornum ihre Erfahrungen zusammenfasste, ist (sinngemäß): „Dinge, die so wichtig sind wie Mut, Zuverlässigkeit, Entschlossenheit und Glück werden dir nicht mit deinen Chromosomen geliefert." Eine Erkenntnis, wie sie auch für die antiken Denker der Praktischen Philosophie typisch war: Man kann entschlossen und mutig handeln und man kann glücklich werden – doch es fällt einem nicht in den Schoß. Man muss dafür etwas tun.

Was rettete Cornum vor einem nachhaltigen Trauma? Sie stellte sich Fragen, die ihren gesamten Lebenszusammenhang einbezogen, und traf die Entscheidung, dass das Ereignis ihr weiteres Leben nicht wesentlich beeinflussen würde. Dass sie allein an Schmerzen, die schon aufgrund ihrer Verwundungen enorm waren, nicht sterben würde, hatte sie gleich nach dem Absturz beschlossen. Sie hatte klare Richtlinien, nach denen sie die Situationen so sachlich, wie es noch möglich war, beurteilte. Sogar die Vergewaltigung analysierte sie lediglich als „unangenehm und sittenwidrig, weil der Vorgang nicht einvernehmlich stattfand". Weil die Situation aber nicht lebensbedrohlich war, zog sie radikal den Schluss, sie als weniger wichtig einzustufen. Vor allem aber beklagte sie nicht ihr Schicksal, sondern nahm das hin, was geschah. Natürlich hatte sie als hohe Offizierin und Kommandeurin ein gefestigtes Weltbild, eine manifeste Lebensanschauung und Vertrauen in die Instanz, für die sie arbeitete, und sie musste auf gravierende Ereignisse gefasst sein. Dennoch gehört sie zu den Menschen, die an Kriegserlebnissen nicht zerbrachen, sondern psychisch stärker wurden.

4. Praktische Philosophie als weites Gebiet

Die Wissenschaft der Philosophie ist ein weites Gebiet für sich. Die Disziplinen sind vielfältig, und es gibt in jeder verschiedene, sich teilweise widersprechende Richtungen. In der **Theoretischen Philosophie** geht es um Fragen der Erkenntnis, wie beispielsweise „Wie können wir überhaupt zu Wissen kommen?", also der Erkenntnistheorie. Weitere Beispiele sind Fragen wie „Wie kommt es, dass Dinge und Menschen überhaupt existieren?", was man Metaphysik nennt, und spezielle Fragen, die nur den Menschen betreffen, wie „Was ist der Mensch?", was man als philosophische Anthropologie bezeichnet.

In der **Praktischen Philosophie** fragt man sich, für welches Handeln man sich entscheiden soll und welche Auswirkungen die Entscheidung auf die eigene Person und andere Menschen hat. Auch hier gibt es einzelne Disziplinen. Vor allem geht es um die Frage, was moralisch richtig ist.

Das ist das Gebiet der Ethik. Als Fachgebiet gesehen, will sie durchaus auch Normen setzen. Nach gültigen Normen handelt ein Dieb unmoralisch, weil er jemandem etwas wegnimmt, aber auch, weil er gegen gesellschaftlich vorgegebene Gesetze verstößt. Gibt man heute Kurse über Praktische Philosophie, so sollen damit Denk- und Diskussionsprozesse angestoßen werden, die zu vertretbaren und angemessenen Urteilen über Handlungen führen. Der Sinn für Moral wird geschärft. Schwieriger wird es schon bei einem Thema wie Sterbehilfe. Wenn jemand sie voller Überzeugung von einer anderen Person erbittet, die ihm auch helfen möchte, die Gesetze es aber verbieten, entsteht eine Konfliktsituation. Eine moralisch als richtige empfundene Handlung stößt auf die Grenze des Gesetzes, das man nicht brechen möchte. Hier setzt die Praktische Philosophie ein, indem sie persönliche Einstellungen hinterfragt und reflektiert.

Eine andere Disziplin, die ebenfalls zur Praktischen Philosophie gehört, ist die „Politische Philosophie", die sich damit auseinandersetzt, was ein Staat darf und was nicht.

IV. Frühe Entwicklung der Praktischen Philosophie

1. Herodot

Die Entwicklung der Praktischen Philosophie geht auf die griechische Antike zurück. Eine der ersten Erscheinungen des Wortes „Philosophie" überhaupt findet sich in einer Ausführung des griechischen Geschichtsschreibers **Herodot (ca. 485 – ca. 425 v. Chr.).** Er beschreibt das Zusammentreffen des griechischen Staatsmanns und **Poeten Solon** mit dem lydischen **König Krösus**, der wegen seines immensen Reichtums, aber auch wegen seiner Großzügigkeit berühmt wurde (Lydien lag an der Mittelmeerküste in der heutigen Türkei).

Mitte des 6. Jahrhunderts reist Solon in die lydische Hauptstadt Sardes. Krösus empfängt ihn mit den Worten: „Fremder aus Athen, wir haben viel von deiner Klugheit und deinen Reisen durch viele Länder gehört." Dann spricht er von seiner „Liebe zur Weisheit", was er mit dem griechischen Wort für Philosophie, **Philosophia**, ausdrückt. Die beiden diskutieren darüber, was Glück für Menschen bedeutet. Krösus prahlt damit, dass er der reichste und glücklichste Mensch unter der Sonne wäre. Solon hält dagegen, dass ein reicher Mann immer Feinde hat und dass es generell gut wäre, niemanden für einen glücklichen Menschen zu halten, solange er noch lebt. Dieser Bericht von Herodot bildet eine der ersten Quellen für das Wort „Philosophie", worunter der geniale Geschichtsschreiber die Sehnsucht des Menschen nach Verständnis der menschlichen Existenz versteht.

2. Ptahhotep

Man wird bei praktischen philosophischen Anleitungen für das Leben noch früher fündig, wenn man mehr als zweitausend Jahre in der Geschichte zurückgeht, und zwar zu den Ägyptern. **Ptahhotep** war Stadtverwalter des **Pharao Isesi**, seine Amtszeit fällt in den Zeitraum von **ca. 2410 bis ca. 2380 v. Chr.** Er verfasste Texte, die als Weisheitslehre in die Geschichte eingingen. Es gab damals noch nicht den Begriff Philosophie, doch seine umfassenden Prinzipien für das richtige Leben in jeder Situation kann man als die Praktische Philosophie seiner Zeit betrachten. Es ging ihm grundsätzlich um „weises" Verhalten. Da er davon ausging, dass Menschen nicht mit Weisheit ausgestattet geboren werden, verfasste er ein Werk mit entsprechenden Hinweisen.

Man soll den Tag über ein heiteres Gemüt bewahren. Das, was man anderen Menschen zeigt, kommt nämlich von ihnen zurück. Er warnte vor Gier und Niedertracht, die er als die schlechtesten Eigenschaften bezeichnete. Man soll seinem Herzen folgen, das anschwellen soll, im Gegensatz zum Bauch. Im Freundeskreis soll man sich mit guten Menschen umgeben. Um herauszubekommen, wessen Geistes Kind sie sind, soll man sich mit ihnen über die Dinge unterhalten, die ihnen am Herzen liegen. In einer Freundschaft soll man Streit vermeiden und innerhalb des Verwandtenkreises von Freunden nicht sexuell aktiv werden.

Man soll nicht zu viel reden. Sich mit Worten zurückzuhalten erachtet Ptahhotep grundsätzlich als viel segensreicher, als ununterbrochen zu plappern. Wenn man mit anderen redet, dann bitte nichts Schlechtes über Dritte. Alles, was man da mitteilt, sollte unbedingt der Wahrheit entsprechen. Sagt jemand etwas Ungebührliches, so soll man das klar benennen. Falls es zu einem Streit kommt, soll man immer dafür sorgen, dass er in Frieden endet. Auf Menschen, die ihre Rhetorik ausnutzen oder Verleumdungen aussprechen, soll man nicht hören. Man soll sich selbst nicht loben, sondern durch seine Taten mit gutem Beispiel vorangehen, sodass andere Menschen dem folgen können.

Sehr modern klingt sein Hinweis, man solle seine Zeit gut einteilen, Arbeit und Entspannung sollten sich die Waage halten. Er warnt davor, zu sehr nach Erfolg zu streben und zu wenig auf die Bedürfnisse der Seele zu hören. Menschen, die ein Urteil zu fällen haben, müssen unparteiisch bleiben.

Untergebene sollen nicht mit ihrem Dienstherrn streiten. Werden sie von ihm verbal attackiert, ist Zurückhaltung zu pflegen. Falls sie aber eine Lösung des Problems kennen, sollen sie sie nennen. Sexuelle Beziehungen innerhalb der Verwandtschaft eines Höhergestellten sind zu vermeiden. Führende Menschen sollen die geltenden Normen und Gesetze beachten. Sie sollen sich gerecht und nicht egoistisch verhalten und sich um diejenigen kümmern, die von ihnen abhängig sind, zudem ihrem Herzen folgen und keineswegs nach der Erfüllung unersättlicher Wünsche streben. Sie sollen dafür sorgen, dass man sie wegen ihres Könnens und ihrer Fairness achtet.

Eheleute sollen sich lieben. Der Ehemann soll sich nicht von seiner Frau trennen und die Familie mit allem Notwendigen versorgen. Die Kinder sollen im Verhalten der Eltern ein Vorbild sehen und bei Fehlverhalten gemaßregelt werden. Eltern sollen ein Auge darauf haben, mit wem ihre Kinder Umgang haben, damit sie nicht auf Abwege geraten.

Ist jemand zu Weisheit gelangt, so soll er sich nichts darauf einbilden und sich weiterhin mit jedermann unterhalten, auch mit ungebildeten Menschen. Denn Freundlichkeit zahlt sich aus, weil man sich an freundliches Benehmen noch lange erinnert.

3. Pharao Neferkare Cheti III.

Es gibt eine weitere umfassende Weisheitslehre im Alten Ägypten. Der Pharao **Neferkare Cheti III.** gab Instruktionen an seinen Sohn **Merikare** weiter, die die richtige Einstellung und die korrekten Verhaltensweisen für jede Lebenslage enthielten, sozusagen **Praktische Philosophie für Pharaonen.**

Cheti III. appelliert an seinen Sohn, Böses zu vermeiden und Geduld zu üben. Er soll seine Worte wohl überlegen und gut einsetzen, denn kraftvolles und kompetentes Reden würden von größerer Tapferkeit zeugen als Kampfhandlungen. Er soll für gute Gesetze sorgen und allen Menschen gegenüber stets Gerechtigkeit üben. Um das zu erreichen, ist wichtigen Führungspersönlichkeiten Macht einzuräumen.

Die Vorfahren stellt er als gute Beispiele hin, an denen der künftige König sich immer orientieren könne. Wer später an den Herrscher denkt, soll sich primär an seine Liebe und Fürsorge erinnern. Klagende Menschen sollen Trost erhalten und hinterbliebene Frauen nicht unterdrückt werden. Auch die Krieger sind gut zu versorgen.
Da Landbesitz eine große Rolle spielte, äußerte er sich auch hierzu. Niemand dürfte von seinen Ländereien vertrieben werden. Die Nachfahren von Führungspersönlichkeiten sollten nicht nur Land und Vieh erhalten, sondern auch mit Wissen ausgestattet werden.

Auch Cheti III. stellt Weisheit an vorderste Stelle. Wer Einfluss auf Menschen ausübe, solle bei weisen Menschen in die Schule gehen. Er gab seinem Sohn mit auf den Weg, dass reiche und einflussreiche Menschen korrekt handeln würden, da sie auf nichts verzichten müssten. Er solle ihnen gegenüber stets die Wahrheit sagen, dann würden sie ihn respektieren. Falls er Kontrahenten hätte, wären sie in der Nachbarschaft anzusiedeln und so unter Kontrolle zu bringen.

Sollte er Strafen aussprechen, dann keine Tötung. Überhaupt wäre das Leben als solches schützenswert und zu respektieren.

Es folgen noch eine Menge weitere Anweisungen, darunter viele religiöse. Alle sollten dem Sohn, wenn er sie während seiner Regentschaft beachtet, ein gutes Leben als König, subjektives Wohlergehen, einschließlich guter Gesundheit und den Segen der Götter einbringen.

Zwei große Themen stehen bei den altägyptischen Weisheiten im Vordergrund, die sich interessanterweise Hunderte von Jahren später auch bei den antiken Griechen wiederfinden: Tugendhaftes Verhalten und Weisheit.

V. Praktische Philosophie der Antike

1. Aristoteles (384 – 322 v. Chr.)

Der große griechische Denker der Antike legte zusammen mit **Platon** und **Sokrates** die entscheidenden Grundlagen für die Entwicklung der westlichen Philosophie. Für die Praktische Philosophie ist seine Lehre von Bedeutung. Aristoteles ging als einer der größten Denker und Wissenschaftler in die Geschichte ein. Er unterschied zwischen einem Erkenntnisprozess, der sich auf die Ursache dessen, was existiert, konzentriert, und den konkreten Verhaltensweisen von Menschen, die offensichtlich aus Motiven heraus handeln, und zwar im engsten privaten wie auch im politischen und sozialen Zusammenhang. Er gab zu bedenken, dass Handlungen verschieden sein können und dass Menschen ihr Verhalten zu steuern vermögen. Sie können so oder anders handeln. Die Möglichkeiten dafür teilte er in Bereiche ein, nämlich die **Ethik** als wichtigste Grundlage für menschliches Handeln, die **Rechts- und die Staatsphilosophie** sowie **die Politische und die Ökonomische Philosophie.** Aristoteles erkannte, dass es einen Drang nach Wissen gibt, der zu theoretischen Erörterungen führt, und auf der anderen Seite die Notwendigkeit, im täglichen Leben Entscheidungen zu treffen. Seine frühe Form der Praktischen Philosophie fokussierte sich auf die Frage, woran das „richtige" tägliche Leben sich orientiert.

Was die praktischen Handlungsweisen betrifft, ist es für Aristoteles ein Gebot, Gutes zu tun. Das führt er darauf zurück, dass er in Künstlern und Wissenschaftlern das Streben nach Gutem erkennt. Doch auch jeder Einzelne will mit seinen Taten Gutes vollbringen. Daher stellt Aristoteles die These auf, dass **das Gute das Ziel ist, wonach alles Streben sich richtet**. Also sollte man ein gutes Leben führen. Er bezieht allerdings ein, dass sich verschiedene Werte gegenseitig in die Quere kommen können, wenn man gutes Handeln praktizieren will. Deshalb sollte man sein eigenes Urteil immer hinreichend überprüfen.

Als ein glückliches Leben definiert er nicht einen Zustand, sondern die Fähigkeit, ein Leben zu leben, das die Gründe für das eigene Handeln erkennt, anwendet und weiterentwickelt. Ein tugendhaftes Leben zu führen war für Aristoteles das höchste Ziel. Er ging davon aus, dass man in seiner Weisheit den Göttern nicht gleich sein kann, aber wenigstens danach streben soll. Die größte Tugend ist für ihn die Weisheit. Er plädiert für eine Entscheidung in der goldenen Mitte, wenn es um das moralisch richtige Leben geht, das man demnach weder zu übermäßig noch zu spartanisch führt. Allerdings sind die individuellen Bedürfnisse und Umstände zu berücksichtigten. Die Aufgabe der

Regierung sah Aristoteles darin, **den Menschen ein tugendhaftes und glückliches Leben zu ermöglichen.** Wie in der Zeit üblich, richteten sich seine Erörterungen an die männlichen Griechen. Aristoteles hielt Frauen nicht für fähig, philosophischen Ausführungen zu folgen.

2. Sokrates (469 – 399 v. Chr.)

Während Aristoteles die Unterscheidung von Theorie und Praxis in der Welt der Philosophie zu verdanken ist, glänzte Sokrates mit praktischen philosophischen Überlegungen in allen Lebenslagen. Er hinterfragte alles und jeden und nicht zuletzt gängige Auffassungen. Wenn von der philosophischen Forderung nach Gerechtigkeit die Rede war, fragte er, was Gerechtigkeit denn überhaupt wäre. **Er nahm gegensätzliche Standpunkte ein und ließ so manche Ideen, die als allgemeingültige Wahrheiten galten, zweifelhaft erscheinen.**

Sokrates nutzte die Öffentlichkeit, um seine Ideen zu lehren. Als geeignete Lokalität erwies sich der Marktplatz. Hier lauschten ihm Dutzende von Menschen und diskutierten mit ihm, darunter viele Jugendliche. Eine typische Unterhaltung konnte so ablaufen:

Sokrates erkennt einen Angehörigen des Heeres unter den Menschen und fordert ihn auf, ihm zu erklären, was Tapferkeit ist. Als Antwort erhält er prompt die Feststellung, dass ein tapferer Soldat nicht zurückweicht, wenn er auf einen überlegenen Feind trifft. Schon hält Sokrates ihm entgegen, dass dieses Verhalten ja auf einen besonders ehrgeizigen Kommandeur zurückgeführt werden könnte, der mit harten Strafen drohte, falls nicht jeder Soldat sein Bestes gäbe. Wäre nicht vielmehr der Soldat tapfer, der dem egoistischen Kommandeur etwas entgegensetzt, und nicht der, der ihm bedingungslos folgt? Nun gesteht der Soldat ein, dass auch ein Soldat, der sich einem ungeeigneten Anführer widersetzt, tapfer ist. Jetzt führt Sokrates ins Feld, dass man immer noch nicht wüsste, woran man Tapferkeit erkennen sollte. Vielleicht daran, dass der soeben erwähnte Soldat sich dem inkompetenten Anführer widersetzt und dem Feind deshalb ausweicht? Nun ist der Soldat mehr oder weniger gezwungen zu sagen, dass man tapfer ist, wenn man sich der Mehrheit entgegenstellt. Darauf provoziert Sokrates mit der Gegenfrage, ob es demzufolge tapfer von einer kleinen Anzahl von Soldaten ist, vor dem Feind zu flüchten, während die Mehrheit der Kameraden sich dem Kampf mit dem Feind stellt.

Auf diese Weise konnte es stundenlang weitergehen. Da Sokrates sich auf konkrete Lebenssituationen der Menschen bezog, kann man ihn als den ersten Anwender bzw. Erfinder der Praktischen Philosophie bezeichnen. Er hinterfragte Verhaltensweisen von Menschen in ihrer speziellen sozialen Rolle, sodass seine Zuhörer oft verunsichert den Marktplatz verließen. Bei seinen Diskussionen vermied er meistens, einen klaren Standpunkt zu beziehen, sondern brachte immer neue Fragestellungen auf, die eine

Behauptung entkräfteten. Er legte sein Augenmerk nicht darauf, was prinzipiell als falsch oder richtig gilt, sondern darauf, was in einer gegebenen Situation richtiges oder falsches Verhalten sein kann. Doch er äußerte sich auch zu verschiedenen Phänomenen. So kritisierte er beispielsweise die Jugend für ihr respektloses Verhalten gegenüber Älteren und Autoritäten. Die jungen Menschen würden sich dem Luxus hingeben und hätten auch bei Tisch keine Manieren mehr.

Zu den großen Themen, mit denen Sokrates sich beschäftigte, gehört die **Frage der Gerechtigkeit**. Eine Auseinandersetzung ist von Platon festgehalten worden. Sie findet mit einem Mann mit großen Kenntnissen, einer Art antikem Lehrer, statt. Solche Menschen mit besonderem Wissen oder Fähigkeiten, die einer Lehrtätigkeit nachgingen und mit ihrer Bildungsarbeit Geld verdienten, nannte man **Sophisten**.

Der Sophist vertritt die These, dass die schwächeren Menschen in einer Gesellschaft einer Regierung folgen müssen, und dass es den stärkeren Menschen aufgetragen ist, zu regieren und das Recht des Stärkeren zu beanspruchen, das wäre gerecht. Sokrates fragt zurück, ob die Regierung auch Irrtümern unterlegen sein könnte, was der Lehrer bejaht. Nun läuft Sokrates zu seiner gewohnten Hochform auf. Also müssten die Untertanen sich gegen die Irrtümer der Obrigkeit auflehnen dürfen, so folgert er, denn die könnten sonst ja ihrem eigenen Anspruch, Gerechtigkeit zu üben, gar nicht gerecht werden. Im Übrigen müsste man bei jeglicher eigenen Überzeugung immer auch an das Wohl des anderen denken. Er bringt einen Vergleich. So, wie ein Mediziner das Beste für seinen Patienten will, muss auch die Regierung das Beste für die Untertanen wollen und nicht das Recht des Stärkeren beanspruchen. Der Lehrer gibt sich geschlagen. Doch auch Sokrates gibt seine Grenzen zu. Er wisse auch nicht, was Gerechtigkeit als solche wäre, gesteht er.

Nichts zu wissen, ist eine typische Feststellung für Sokrates, zu dessen bekanntesten Aussprüchen **„Ich weiß, dass ich nichts weiß"** gehört. Das heißt jedoch nicht, dass man von vorneherein auf Lernzuwachs verzichten soll. Sokrates will im Gegenteil, dass man für sich selbst in einer Weise sorgt, die Lernen einbezieht. Das ist die Grundlage für persönliches Wachstum, an der jeder Mensch auch Freude hat. Das Gute erzeugt nach seiner Vorstellung eine natürliche Freude, das Böse erzeugt Leiden.

Sokrates liebte es, Argumente zu liefern, die man letztlich nicht widerlegen konnte. Für die heutige Zeit kann man ein analoges Beispiel konstruieren. Würde man sagen, jemand isst viel zu viel Zucker, dann würde Sokrates entgegnen, das würde er nicht tun, wenn er wüsste, wie schädlich das ist. Nun könnte man entgegnen, derjenige wüsste es wohl und würde es trotzdem weiterhin tun. Dann käme der Philosoph zu dem Schluss: Nein, er weiß es nicht, denn wenn er es **wirklich** wüsste, würde er es nicht tun. Der

Philosoph war davon überzeugt, dass niemand einem anderen willentlich etwas Böses oder Schlechtes antut, auch sich selbst nicht.

Sokrates betrachtete sich nicht als Griechen, ebenso wenig wie als Weltbürger. Er war in Athen nicht nur gut angesehen. Viele Menschen liebten es zwar, sich mit ihm auseinanderzusetzen, doch so mache hatten auch den Eindruck, von ihm als ungebildet abgestempelt zu werden, und lehnten ihn ab. Die Regierung fürchtete ihn immer mehr, weil sein kritisches Hinterfragen vor nichts und niemandem Halt machte. Also klagte man ihn an und verurteilte ihn wegen Aufhetzung der Jugend zum Tode, zusätzlich auch wegen Frevel gegen die Götter, was damals ein Straftatbestand war. Tatsächlich hatte er sich bei der Obrigkeit unbeliebt gemacht. So maß er die Taten der Politiker an denen anderer Berufsgruppen und behauptete, man brauche zur effektiven Führung eines Staates gut ausgebildete Staatsbedienstete, vergleichbar gut ausgebildeten Handwerkern. Vom Volk gewählte Regierende würden das Kriterium nicht erfüllen. Da aber zu seiner Zeit die Stadtstaaten mit gewählten Volksvertretern herrschten, machte er sich mit seiner Auffassung zum Staatsfeind.

Trotzdem war er ein loyaler Bürger. Das bewies er noch im Tod. Dem Vollzug des Urteils kam er durch **Einnahme von Gift (mit dem berühmten „Schierlingsbecher")** zuvor. Er hätte die Chance zur Flucht gehabt, doch das lehnte er mit dem Argument ab, man dürfe nichts Unrechtes tun, und zu fliehen würde Respektlosigkeit gegenüber den Gesetzen bedeuten und dem Ruf seiner Familie und seiner Freunde schaden.

Für die Praktische Philosophie legte Sokrates eine Grundidee. Er ging davon aus, dass menschliches Handeln durch zwei Motive bestimmt wird: Freude oder Genuss zu erleben und Leiden zu vermeiden. Wenn jemand etwas Falsches tut und somit eigenes Leid erzeugt, so meinte er, sei das nur seiner mangelnden Kenntnis zu verdanken. Sokrates war von solcher Bedeutung für die Entwicklung der Philosophie, dass man von den vorherigen antiken Theorien als „**vorsokratischer Philosophie**" spricht.

Vom „**sokratischen Dialog**" hat man viel gelernt und wendet ihn heute beim Coaching oder in Therapien an. Konsequentes Nachfragen soll die negative Einstellung zu einem Problem verändern. Diese Art der Praktischen Philosophie eignet sich z. B., um Entscheidungsfindungen zu unterstützen oder ein besseres Selbstbild aufzubauen. Systematisches Nachfragen führt beim Hilfesuchenden zur Erkenntnis seiner Werturteile, Normen und Vorstellungen und macht den Weg zum Umdefinieren frei. Neue Perspektiven eröffnen neue Handlungsmöglichkeiten, beispielsweise bei der Verarbeitung von Erlebnissen oder in schwierigen Situationen. **Beispiele für Fragestellungen sind (z. B., wenn jemand sagt, er werde sein ganzes Leben lang nicht mehr zufrieden/glücklich sein können, er werde etwas nie überwinden können, er**

könne etwas nicht hinreichend, sei zu nichts gut o. Ä.):

- ⊕ Was ist der Beweis dafür, dass du richtig denkst? Welche Argumente gibt es dagegen?

- ⊕ Gehst du bei dieser Einstellung von Fakten oder von Gefühlen aus?

- ⊕ Denkst du in genügend Abstufungen? Oder gibt es für dich nur entweder – oder?

- ⊕ Was würden andere Menschen über dich bzw. deine Situation sagen? Für wie glaubwürdig hältst du die Menschen, die Positives bzw. Negatives über dich sagen? (Sokrates hielt einen Ratschlag für etwas, das man weitersagen will, bereit. Man überprüft das Gehörte auf den Wahrheitsgehalt, dann auf das Positive und zum Schluss auf das Notwendige, den verbleibenden Rest kann man guten Gewissens weitersagen.)

- ⊕ Ist es wirklich die Wahrheit, die du schilderst, oder übertreibst du? In welcher Hinsicht?

- ⊕ Schilderst du das Wahrscheinlichste oder das Schlimmste, das du dir vorstellen kannst?

Es gibt viele weitere Beispiele. Der entscheidende Punkt in der Therapie bzw. dem Coaching ist, zu einer Handlungsmöglichkeit zu gelangen. Der Hilfesuchende findet eine Haltung zu den grundlegenden Gegebenheiten, die sich in seiner Situation stellen. Die Praktische Philosophie stellt wegweisende Fragen. Zum Schluss weiß er, was er will, hat sich entschieden, was zu tun ist, und einen Weg gefunden, damit zurechtzukommen. Beschäftigt man sich in durchschnittlichen bzw. alltäglichen Lebenslagen mit der Praktischen Philosophie, so ersetzt man „zurechtkommen" durch zufrieden bzw. glücklich sein.

3. Stoizismus

Grundlagen des Stoizismus

Die entscheidenden Grundlagen für die Praktische Philosophie legten die antiken Philosophen, allen voran **Seneca, Epiktet und Mark Aurel.** Sie waren Anhänger des **Stoizismus,** der auf den griechischen Philosophen **Zenon von Kition** zurückgeht. Seine Lehre wurde **Stoa** genannt, die drei Philosophen bauten darauf auf und erweiterten sie.

Der antike Stoizismus hat zum Ziel, **dass Menschen zu einem subjektiv besseren Leben finden** – natürlich in

Übereinstimmung mit den geltenden Gesetzen. Sie sollen bessere Menschen werden, indem sie tugendhaft und weise handeln, was sie glücklich macht. Vor allem betont der Stoizismus, dass es nicht auf Worte, sondern auf Taten ankommt. Menschen sollen sich an Fakten orientieren. Was sie nicht ändern können, sollen sie nicht beklagen, sondern sich auf ihre Reaktion darauf konzentrieren. Viele Situationen sind nicht vorhersehbar. Dass Menschen leiden, führen die Stoiker darauf zurück, dass sie zu impulsiv reagieren, statt logisch vorzugehen. Sie empfehlen, sich weder der Freude noch der Verzweiflung hinzugeben, sondern seine Gefühle immer weitestgehend in der Balance zu halten. Nicht umsonst spricht man heute noch von **stoischer Gelassenheit**, wenn jemand sehr gut die Ruhe bewahren kann.

Der Stoizismus ist die **Grundlage der Praktischen Philosophie**, denn hier kommt es nicht auf Theorien und Diskussionen über die Welt an, sondern darauf, sich für Taten zu entscheiden, vor allem bei belastenden Umständen. Praktische Anwendung heißt das Zauberwort, im Gegensatz zu intellektuellen Höhenflügen. Dabei gibt es nicht die eine Wahrheit. Menschen können sich in der gleichen Lage nach verschiedenen Kriterien verschieden entscheiden. Wo der eine sagt, er macht einen Schlussstrich, startet der andere einen neuen Versuch. Doch man soll wissen, nach welchen eigenen Maßstäben man sich entscheidet. Und man soll sich seiner Kraft bewusst sein, sodass man sie auch ausschöpfen kann, wenn man sie braucht.

Zenon von Kition (ca. 333 – ca. 262 v. Chr.) und Krates von Theben (365 – 285 v. Chr.)

Zenon von Kition war ein Phönizier, geboren auf Zypern. Er verdiente seinen Lebensunterhalt als Kaufmann. Im Alter von dreißig Jahren erlitt er mit seinen Handelswaren an Bord Schiffbruch und musste in Athen auf den Fortgang seiner Reise warten. Um sich die Zeit zu vertreiben, suchte er einen Buchhändler auf, wo er auf die Werke Sokrates' stieß, die ihn von der ersten Zeile an faszinierten. Er fragte nach, wo man in Athen Denker wie ihn finden könnte, und wurde auf einen Mann namens **Krates von Theben** verwiesen, einen Philosophen, der in die Geschichte einging. Zenon wurde sein Schüler und übernahm einige Ideen von ihm.

Krates vertrat den **Kynismus** (das Wort „Zynismus" stammt von dieser antiken Philosophie ab, ohne ihren Inhalt heute noch zu vertreten) und damit ein asketisches Leben. Beispielsweise legte er den Menschen ans Herz, sich vorwiegend von Linsen zu ernähren, denn ein luxuriöses Leben wäre der Grundstein für Aufruhr jeglicher Art. Er hatte ein Leben im Wohlstand, gesichert durch ein erhebliches Erbe, abgelehnt und sich zu einem Dasein in sehr bescheidenen Verhältnissen entschieden. Einen Teil seines Geldes gab er den Armen, einen anderen Teil hinterlegte er bei einer Bank mit der Auflage, es nach seinem

Tod seinen männlichen Nachfahren auszuhändigen. Es sei denn, sie würden sich für ein Leben als Philosophen entscheiden, in dem Fall sollte die Bank das Geld an Arme verteilen.

Krates und seine Frau **Hipparchia von Maroneia** erlaubten sich nur das Nötigste, was man zum Leben braucht. Unter den zeitgenössischen Gesichtspunkten lebten sie ein ungewöhnliches Leben, denn sie verhielten sich partnerschaftlich, obwohl die Frauen öffentlich wie privat weit weniger Rechte hatten als die Männer. Das gleichberechtigte Verhalten brachte in erster Linie Hipparchia einen schlechten Ruf ein, sie galt als gesellschaftlich nicht tragbare Frau. Allgemein übliche Bräuche beachtete das Paar oft nicht. Beispielsweise nahmen sie etwas zu essen zu sich, während sie unterwegs waren. Man aß zu dieser Zeit aber nur im Haus. Einige Überlieferungen besagen sogar, dass ihre sexuellen Aktivitäten teilweise im Freien stattfanden, wo man sie beobachten konnte. Krates schickte seinen Sohn in ein Bordell, um ihm in die Sexualität einzuführen, und erlaubte seiner Tochter, einige Wochen lang eine Ehe auf Probe zu führen.

Krates erhielt den Spitznamen „Türöffner", weil er gerne bei Freunden hereinschneite, ohne um Erlaubnis zu bitten. Gab es gerade Streitigkeiten, so erwies er sich als Meister der Schlichtung. Er schlug Korrekturen vor, ohne eine Schuldzuweisung zu treffen. Gefragt, was man davon hätte, Philosoph zu sein, antwortete er, dass man nicht enttäuscht wäre, wenn die Brieftasche leer ist. Sofern man kein Geld mehr habe, würde man es nicht mehr begehren und wäre zufrieden mit dem, was man hat. Unter den überlieferten Schriften gibt es einen Vers mit einer Vision, der (sinngemäß) lautet:

Es gibt eine Stadt mit Namen Pera, gerecht und fruchtbar. Sie verfügt über keinen Besitz. Kein dummer Schmarotzer würde jemals hier erscheinen, und kein Lebemann würde sich an dem Arsch einer Hure ergötzen. Aber in ihr gibt es Thymian, Knoblauch, Feigen und Brot. Deshalb bekriegen die Bewohner sich nicht. Sie besitzen weder Waffen noch Geld, und sie sind nicht berühmt.

Dass Zenon von Kition sich entschied, Krates zu seinem Lehrer zu machen, nannte er im Nachhinein einen Erfolg, gegründet auf seinem Unglück des Schiffbruchs. Krates unterrichtete ihn in dem, was man als **frühe Praktische Philosophie** bezeichnen kann. **Er lehrte ihn, niemals Gewalt anzuwenden.** Jeder Mensch sollte frei sein. Das postulierte er auch für die Ehe, in der keiner sich dem Willen des anderen unterordnen sollte, was für die damalige Zeit äußerst ungewöhnlich war. Der Mann galt als Familienoberhaupt, dem seine Frau und seine Kinder sich unterzuordnen hatten. Mit seiner Frau lebte er ein bescheidenes Leben vor, indem sie z. B. nur Wasser und niemals Wein tranken.

Krates bescherte Zenon eine grundlegende Lektion in Praktischer Philosophie. Zenon war dafür bekannt, dass er viel Wert auf anständiges und unauffälliges Benehmen in der Öffentlichkeit legte. Krates trug ihm auf, eine Linsensuppe durch Athen zu tragen. Mitten auf dem Weg zerschlug er ihm den Krug mutwillig, sodass sich die Suppe auf Zenons Kleidung ergoss. Er belehrte ihn (sinngemäß): „Was rennst du denn weg, Phönizier? Es ist nichts Schlimmes passiert!" So wollte er ihn von seinen Ängsten befreien.

Zenon gründete ca. im Jahr 300 v. Chr. seine eigene Philosophenschule und nannte sie **Stoa**. Er verfasste verschiedene Schriften, die nicht erhalten sind, sondern nur überliefert wurden. Darin entwarf er die Utopie einer mehr oder weniger anarchistischen Gesellschaft, in der es weder Gesetze noch eine Regierung gab. Die Vernunft sollte alles regeln. Möglich würde das, indem die Menschen ihre Affekte kontrollierten. Weder schmerzhaften noch lustvollen Erfahrungen sollte man sich intensiv hingeben, sondern ihnen mit Distanz gegenüberstehen. Das würde zu Weisheit führen. Bordelle sollten verboten sein.

Männer und Frauen sollten gleich behandelt werden, er propagierte sogar gleiche Kleidung für beide Geschlechter. Darüber hinaus setzte er sich für freie Liebe ein. Sein im Allgemeinen guter Ruf in Athen wurde durch diese Vorstellung beschädigt. Er stellte sich vor, dass Frauen in einer Art Kommune zusammenleben würden. Das konnte leicht mit einem Bordell verwechselt werden, was er jedoch nicht meinte. Er ging davon aus, dass diese Form des Zusammenlebens zu selbstbestimmter Liebe zwischen Männern und Frauen führen würde. Von seinem Lehrer Krates übernahm Zenon die Gewohnheit, rüde Worte an Menschen zu richten, die sich nicht in Bescheidenheit übten. So herrschte er einen jungen Mann an, der eine matschige Stelle umlief, dass er das deshalb tun würde, weil er darin nicht sein Spiegelbild sehen und seine Eitelkeit befriedigen könnte.

Zenon schloss sich der totalen Einfachheit seines Lehrers nicht an. Er trank Wein und feierte Feste. Dabei legte er Wert darauf, dass auch weibliche Bedienstete anwesend waren, damit er nicht als frauenfeindlich galt. Es war allerdings eher zu befürchten, dass man diese Bedenken eigenartig fand. Zenon hatte gute Kenntnisse in Philosophie und Teilen der Naturwissenschaften. Die Einladung des herrschenden Königs, als Berater bei ihm tätig zu werden, schlug er jedoch aus.

Entwicklung des Stoizismus

Die nachfolgenden antiken Stoiker, die die Praktische Philosophie nachhaltig prägten, waren keine Anhänger anarchistischen Gedankenguts. Sie setzten den bestehenden Verhältnissen keine andere Art zu leben entgegen. Ihre Devise war, das als gegeben hinzunehmen, was nun einmal die Fakten waren, und darüber nicht zu lamentieren, falls sie einem nicht angenehm waren. Als soziale Wesen sollte man in der Lage sein, sozial zu handeln, sich aber nicht übermäßig für das zu interessieren, was andere über einen denken.

Welches **Frauenbild** sie hatten, ist unklar. Einige Historiker gehen davon aus, dass sie für Gleichberechtigung plädierten, andere haben Zweifel daran. Einzelne Überlieferungen zeigen auch widersprüchliche Aussagen, sodass man von einer zwiespältigen Einstellung ausgehen muss. Beispielsweise verglich Seneca Frauen ohne Bildung mit wilden Tieren, während er gleichzeitig mehr Bildung für Frauen begrüßte. In ihren Aussprüchen verwenden die Philosophen oft den Begriff „Mann" und nicht „Mensch", wie man es heute tun würde. Wie auch immer ihre Meinung aussah, in der gesellschaftlichen Praxis änderte sich dadurch nichts an der untergeordneten Stellung der Frau. Heute hat das für die Praktische Philosophie keine Bedeutung mehr, da beide Geschlechter die Ideen nach Belieben für sich interpretieren und anwenden können.

Die drei entscheidenden Philosophen waren **Seneca, Epiktet und Mark Aurel. Die Grundidee in ihrem Stoizismus ist, dass der menschliche Geist sich nicht von Leidenschaften aller Art beherrschen lässt, sondern das Denken immer die Oberhand behält.** Das macht den weisen Menschen aus. Aristoteles favorisierte noch den mittleren Weg zwischen Übermaß und Mangel an Affekten und Emotionen. Die drei großen antiken Stoiker setzten auf radikales Vermeiden von emotionalen Reaktionen auf Ereignisse, die man nicht verursacht und nicht unter Kontrolle hat. Auch egozentrisches Verhalten, das Ereignisse ausnutzt, verurteilten sie. Zu den hinzunehmenden Gegebenheiten zählen so unterschiedliche Dinge wie das Wetter, Schicksalsschläge aller Art und die Verhältnisse, in die man geboren wird. Auch manches, was andere Personen betrifft, kann man nicht ändern, allen voran die verwandtschaftlichen Verhältnisse, zudem aber auch die Frage, welche Vorgesetzte und Nachbarn man hat. Die heutige Praktische Philosophie würde bei leidvollen Erfahrungen herausarbeiten, ob man den Vorgesetzten bzw. die Nachbarn akzeptieren oder etwas grundlegend durch Arbeits- oder Ortswechsel verändern will.

Die Stoiker erkannten an, dass sie die Natur und den unumstößlichen Willen anderer Menschen nicht beeinflussen konnten, und empfahlen, dass man alles Unkontrollierbare gelassen hinnimmt. Im Wesentlichen führten sie alles Unveränderbare letztlich auf den Willen der Götter zurück. Doch die Religion stand in ihrer Philosophie nicht im Vordergrund, ebenso wenig die Auffassung, man sollte gar nichts mehr machen. Man sollte sich keineswegs von der Außenwelt zurückziehen und seine Gefühle durchaus beachten.

Ideen wie freie Liebe oder eine Gesellschaft ohne Regierung waren ihnen fremd. Ganz im Gegenteil waren sie der Auffassung, man sollte sein Schicksal annehmen. Seneca war beispielsweise der Überzeugung, dass Reiche und Sklaven sozusagen von Natur aus (oder vom Willen der Götter bestimmt) das waren, was sie waren. Man sollte Sklaven zwar gut behandeln, aber er wäre nie auf den Gedanken gekommen, die Sklaverei abzuschaffen. Es galt immer, das hinzunehmen, was geschah, und zwar ohne Jammern und Klagen.

Sie sahen den Menschen als soziales Wesen an, das Wohlergehen anstrebt und Leiden vermeidet. An der Gemeinschaft sollte man sich beteiligen, aber sich nicht über Gebühr um das kümmern, was andere bewegt. Um Zorn zu vermeiden, könnte man Neid bezwingen, meinte Seneca. Gerechtigkeit und gute Taten galten als anzustrebende Ideale. Eine strenge Trennlinie zogen die Stoiker bei Ehebruch, den sie, der allgemeinen Moral folgend, verurteilten. Ansonsten ließen sie jede Form der Sexualität gelten, so, wie es gesellschaftlich üblich war. Dazu zählten homosexuelle Beziehungen, wie sie zwischen einem erwachsenen Lehrer und seinem heranwachsenden Schüler nicht selten vorkamen.

Die gesamte Praktische Philosophie der Stoiker diente dazu, Leid zu mindern. Dank ihrer Lebensauffassung sahen sie Leiden als etwas an, das man in Grenzen halten konnte, wenn man es nicht mit Gefühlen und Urteilen nährte. Zu dem, was geschieht, war ihr Postulat, ist die Einstellung dazu entscheidend. Zu allem, was man anstrebt, besitzt und worunter man leidet, hat man eine eigene Überzeugung, mit der man seine Gefühle und Affekte hervorbringt. Insofern erzeugt man sein Leid selbst. Man kann aber dafür sorgen, dass man genügend Distanz zu seiner Meinung bekommt und dadurch das Leiden mindert, im Idealfall bezwingt. Für die Stoiker bedeutete dieser Prozess und das ständige Bemühen darum wahre Tugendhaftigkeit und Weisheit – Eigenschaften, die zu Zufriedenheit, Souveränität und letztlich zu Frieden führen. In diesem Sinn verstanden sie sich als Weltbürger, denn ihre Philosophie galt für alle Menschen.

Lucius Annaeus Seneca, genannt Seneca der Jüngere (ca. 1 – ca. 65 n. Chr.)

Leben und Lehre

Seneca war ein römischer Wissenschaftler, Philosoph, Politiker und Schriftsteller. Seine Mutter legte ihm das Studium der Philosophie nahe, wodurch er mit dem Stoizismus vertraut wurde. Sein Bildungsverlauf umfasste auch ein Training als Redner und ein juristisches Studium. Diese Kombination brachte ihn in die Position eines erfolgreichen Redners bei Gericht. Seine Fähigkeiten beunruhigten den herrschenden **Kaiser Caligula**, der kompetente Menschen als Konkurrenz ansah, die seinen eigenen Glanz schmälern könnten. Also beschloss er, ihn ermorden zu lassen. Von dieser Entscheidung ließ er aber wieder ab, weil Seneca chronisch krank war und die kaiserlichen Berater davon ausgingen, dass er ohnehin bald sterben würde.

Schon von Kindheit und Jugend an litt Seneca an chronischen Erkrankungen, und zwar der Lunge und der Bronchien. Zusätzlich wurde er zum extremen Anhänger des Stoizismus. Sein Lehrer **Attalus** war Stoiker, sodass er ein konkretes Vorbild hatte. Schon früh trennte er sich von dem genussvollen Lebensstil, das sein wohlhabendes Elternhaus pflegte, und lebte so asketisch, dass es seine bereits angeschlagene Gesundheit noch stärker beeinträchtigte. Seneca hielt seinen Erzieher ein Leben lang in hohen Ehren und sprach noch im Alter respektvoll und dankbar von ihm.

Auf Kaiser Caligula folgte **Kaiser Claudius**. Auch er hegte Vorbehalte gegen einen so fähigen Redner. Man klagte Seneca an, mit Caligulas Schwester ein außereheliches Verhältnis zu haben, und schickte ihn im Jahr 41 in die **Verbannung auf Korsika**. Hier arbeitete er an verschiedenen Werken, was ihn noch berühmter machte, als er ohnehin schon war, vor allem in literarischer Hinsicht. Nach neun Jahren Verbannung auf der Insel kam Seneca zurück nach Rom und wurde zum Prätor gemacht. Damit hatte er eins der höchsten Ämter nach dem Kaiser inne.

Einige Zeit später machte man ihn zum Erzieher des jungen **Nero**, der später Kaiser wurde und schon früh seine psychisch kranke Veranlagung zeigte. Seneca blieb am Hofe und hatte schließlich eine erhebliche Machtposition inne. Historiker streiten darüber, ob er sich dadurch verführen ließ und jede Gelegenheit nutzte, um Reichtum anzuhäufen, oder ob er seinem stoischen und asketischen

Lebensstil treu blieb, was man eher annimmt. Jedenfalls entfremdete er sich immer mehr von Nero, der seinen grausamen Regierungsstil ausweitete. Der Kaiser konnte nichts mehr mit seiner Art zu denken anfangen und wurde immer misstrauischer. Seneca wollte der Situation entkommen und beantragte zweimal die Entlassung aus seiner Position, um sich ins Privatleben zurückzuziehen. Doch Nero lehnte ab. Etwas später bezichtigte er ihn jedoch der Teilnahme an einer Verschwörung mit dem Ziel, ihn zu stürzen (der sog. **Pisonischen Verschwörung im Jahr 65**), und verurteilte ihn zum Tode.

Es gab kein Gerichtsverfahren. Vielmehr entsandte der Kaiser einen Boten zu Seneca nach Hause, wo er sich mit seiner Frau **Pompeia Paulina** und Freunden aufhielt. Der Bote überbrachte die Mitteilung Neros, dass Seneca Kenntnis von seiner Beteiligung an der Pisonischen Verschwörung hätte. Seneca erläuterte, dass er nichts damit zu tun hätte, und der Bote überbrachte Nero die Antwort. Der Kaiser sandte ihn jedoch zu Seneca zurück, zusammen mit einigen Soldaten und dem Befehl, er solle Selbstmord begehen. Der Bote, der selbst an der Verschwörung beteiligt gewesen war, schickte nun einen Soldaten vor, um Seneca von Neros Willen zu unterrichten.

Seneca behielt, ganz seiner eigenen Philosophie treu, die Ruhe. Er tadelte seine Freunde für ihre Aufgeregtheit und Trauer und fragte sie, wo denn ihr jahrelanges Philosophieren und Studieren geblieben wäre, mit dem sie sich auf alles hätten vorbereiten müssen, auch auf schwierige

Lagen, zumal Neros Grausamkeit allgemein bekannt war. Wer seine Mutter und seinen Bruder umbrächte, würde auch nicht davor zurückschrecken, seinen Erzieher und Lehrer zu töten (Nero hatte aus Machtgier seine Mutter ermorden lassen und seinen Stiefbruder vergiftet).

Seneca wollte sich von Pompeia Paulina verabschieden, doch sie wollte mit ihm zusammen Suizid begehen. Beide schnitten sich die Adern auf, aber in verschiedenen Räumen, denn Seneca hatte Probleme damit und wollte nicht, dass seine Frau sein Leid mit ansah. Schließlich verblutete er in einer Wanne mit warmem Wasser. Nero ließ Pompeia Paulina in letzter Minute retten, denn er wollte seinen Ruf als grausamer Herrscher nicht noch weiter beschädigen. Sie starb einige Jahre nach ihrem Mann. Seneca hatte schon weit vor seinem Tod gesagt, dass er das Ende, welches sein Schicksal ihm bescheren würde, geduldig und gelassen ertragen würde. **Die Stoiker hielten nichts von Selbstmord.** Als Ausnahme sahen sie unerträgliche Lebensumstände an. Ihre Philosophie gab einen Hinweis, indem sie sagte, dass jeder in jeder Situation selbst bestimmt, was für ihn unerträglich ist.

Seneca sah sich selbst nicht als weisen Mann an. Er war sich seiner menschlichen Fehlbarkeit bewusst. Vor allem war er sich des Ablaufs der Zeit bewusst. In seinen Schriften weist er darauf hin, dass das menschliche Leben endlich ist und man nichts von der Zeit, die man so oder so nutzt, zurückbekommt. Zu seinen Erkenntnissen gehört, dass man nicht „ein kurzes Leben hat, sondern es kurz macht", weil man oft einen Teil davon verschwendet. Das menschliche Dasein ist nach seiner Auffassung lang genug, um große Leistungen zu erbringen. Wenn man allerdings im Luxus schwelgt und keine guten Taten vollbringt, merkt man erst im Angesicht des Todes, dass das Leben vorüberzog, ohne dass man sich dessen überhaupt gewahr wurde.

Philosophie

Seneca entschied sich schon früh gegen einen luxuriösen Lebensstil mit vielen Annehmlichkeiten. Doch seine Philosophie verlangte von wohlhabenden Menschen nicht, auf das meiste zu verzichten. Vielmehr empfahl er, sich von materiellen Gütern nicht abhängig zu machen. Man soll seinen Besitz benutzen, aber sich nicht von ihm vereinnahmen lassen. Man soll ihn „in sein Zuhause, aber nicht in sein Herz" lassen. Ein weiser Mann würde den Wohlstand zu seinem Sklaven machen, ein Narr würde ihn seinen Meister werden lassen. Ohnehin käme es nicht auf die Größe des Besitzes, sondern des Geistes an. Außerdem gäbe es immer so viele Bewunderer, wie es auch Neider gäbe.

Seneca warnte vor großer Eigenliebe und Überheblichkeit. Der Mensch wäre Schmeicheleien leicht erlegen. Zu gern würde er hören, wie weise und vollkommen er wäre. Man sollte sich davor hüten, sich als tugendhaft preisen zu lassen und es selbst zu glauben, wenn man auf der anderen Seite alles andere als ein tugendhaftes Handeln an den Tag legt. Das bezog er vor allem auf Personen, die mit Macht ausgestattet sind. Menschen würden sich auf keinen Fall ändern, solange sie positives Feedback bekämen, selbst wenn sie mit ihren Taten andere ins Unglück stürzten. Er warnte außerdem davor, lieber jemandem zu glauben, als selbst zu denken, womit er Mitläufer meinte.

Seneca vertrat als Praktischer Philosoph die These, dass man für reflektiertes Handeln und Reagieren in seinem Leben selbst zu sorgen hat. Da man einbeziehen kann, früher oder später leidvolle Erfahrungen zu machen, kann man sich auch darauf vorbereiten. Heute würde man sagen: mental vorbereiten. Daher kann man sein Leid aus eigener Kraft lindern. Er ging so weit, zu behaupten, dass „nichts passiert, was ein weiser Mann nicht hätte erwarten können". Oft genug hätte ein „alter Mann nichts weiter als sein Alter, um zu beweisen, dass er ein langes Leben hatte".

Aus Senecas Thesen folgt grundlegend, dass Menschen für ihr Handeln verantwortlich sind. Ein Punkt, den er nicht in den Vordergrund stellt, der aber in der Praktischen Philosophie große Bedeutung hat und beim Coaching und anderen Techniken oft herausgearbeitet wird. Er stand auch dafür, einem anderen Menschen zunächst einmal mit Wohlwollen zu begegnen. Das Sprichwort **„Eine Hand wäscht die andere"** geht auf ihn zurück.
Seneca empfahl, sich ein Vorbild zu nehmen. Diese Person soll man sich vor allem in schwierigen Lebenslagen vor Augen halten. Welche Prinzipien vertritt sie? Nach welchen Kriterien entscheidet sie? Es sollte auf jeden Fall jemand

sein, der nicht nur weise redet, sondern auch weise handelt und das, was er sagt, auch tut – nämlich Gutes. Seneca selbst hatte ein solches Vorbild. Es war **Cato der Jüngere.**

Cato, genannt der Jüngere (95 – 46 v. Chr.)

Cato war ein mächtiger Politiker und Befehlshaber des Heeres. Als einer der wenigen Männer mit großem Einfluss hatte er den Ruf, nicht korrupt zu sein, und wurde als tugendhafter Mann verehrt. Seine moralischen Überzeugungen bezog er aus dem Stoizismus. Ergänzend waren für ihn die alten römischen Vorstellungen von Moral maßgebend, also Pflichterfüllung und sittliches Handeln. Doch es kamen Zweifel auf, ob er seinen eigenen hohen Ansprüchen im privaten Leben gerecht wurde, und zwar im Umgang mit seiner Frau.

Die erste Partnerin, die Cato, der bis zu seiner Hochzeit ein sexuell zurückhaltendes Leben führte, heiraten wollte, hieß **Lepida**. Doch während der Hochzeitsvorbereitungen tauchte ihr vorheriger Verlobter auf. Diese Verbindung war gelöst worden, er wollte sie nun aber wiederaufnehmen. Cato nahm das hin – entsprechend seiner philosophischen Einstellung mit stoischer Ruhe, wenngleich er später den einen oder anderen Streit mit dem Kontrahenten austrug. Cato heiratete nun eine Frau namens **Atilia**, mit der er den Sohn Marcus und die Tochter Porcia hatte.

Nach mehreren Jahren ließ er sich allerdings von ihr scheiden, weil sie seiner Ansicht nach einen „unsittlichen Lebenswandel" führte (er ging davon aus, dass sie ihn betrog). Nun heiratete er eine Frau namens Marcia aus angesehenen gesellschaftlichen Verhältnissen.

Eines Tages kam sein Freund **Hortensius**, ein hoch angesehener Redner, zu ihm mit der Bitte, eine Ehe mit seiner Tochter **Porcia** eingehen zu dürfen. Sie war jedoch schon verheiratet, und zwar mit Brutus (dem späteren Mörder Cäsars). Außerdem war sie vierzig Jahre jünger als Hortensius. Cato entschied sich für einen außergewöhnlichen Schritt. Er vergab trotz seiner guten Ehe seine eigene Frau Marcia an den alternden Hortensius, der sich einen Nachkommen wünschte. Diese Handlungsweise wurde im Sinne der stoischen Praktischen Philosophie oft positiv interpretiert, zumal Marcia zugestimmt haben soll. Auch Seneca nahm Cato, der in jeder Hinsicht als moralisch integrer Mann galt, unter Hinweis auf diese Philosophie in Schutz.

Hortensius hatte nur einen Sohn, mit dem er in Zwietracht lebte, und sehnte sich nach einem weiteren ehelichen Sohn. Dazu sollte Marcia ihm nun verhelfen. Cato ließ sich scheiden. Doch aus der Ehe Maricas mit Hortensius gingen keine Kinder hervor, Hortensius starb ohne weiteren männlichen Nachkommen. Als seine Witwe verfügte Marcia dann über einiges an Reichtum und kehrte zu Cato zurück. Sie nahmen ihre Ehe wieder auf. Der römische Impe-

rator Cäsar ließ sich einen zynischen Kommentar nicht ent-
gehen. Cato habe seine junge Frau verliehen, um sie später als reiche Witwe zurückzunehmen, spottete er.

Gaius Musonius Rufus (ca. 30 – ca. 101 n. Chr.)

Musonius war ein einflussreicher und hochgeachteter römischer Philosoph des Stoizismus. Er lebte die Praktische
Philosophie, die er lehrte, vor. Dabei stand Askese für ihn
im Vordergrund. Er sprach sich vehement gegen Korrup-
tion aus, die in höheren Kreisen oft vorkam. Biografisch ist
wenig von ihm bekannt. Er stammte jedenfalls aus einer
Familie des angesehenen Ritterstandes. Während der
Herrschaft des Kaisers **Nero** kam Musonius zu Ruhm und
Ehre, weil er Philosophie unterrichtete. Das tat er in Grie-
chisch, weil die Römer sich kulturell an Griechenland orientierten. Doch der argwöhnische Nero verdächtigte ihn
der Beteiligung an Verschwörungen und **verbannte ihn
eine Zeit lang auf die karge Insel Gyaros im Ägäi-
schen Meer.** Verbannung war damals eine harte Strafe,
die man nur seinen ärgsten Feinden antat, denn ein römischer Bürger erlitt dadurch erheblichen Ehrverlust. Man
empfand sie als nahezu ebenso schlimm wie die Todes-
strafe.

Doch es stellte sich heraus, dass viele Studenten ihrem
Lehrer auf die einsame, unwirtliche Insel folgten, wodurch

sie zu einem **Zentrum der Philosophie** avancierte. Zudem hatte Musonius eine Quelle entdeckt, aus der er täglich frisches Wasser beziehen konnte. Zusammen mit seinen Studenten bearbeitete er auch den Boden und schuf auf der trockenen Insel bald gut genutzte Ackerflächen. Diese Erfahrung bezog er sogar in seine Lehre ein, indem er den Beruf des Landwirts als hervorragende Betätigung für einen Philosophen propagierte. Er meinte, es wäre eine wunderbare Lebensweise, zu philosophieren und gleichzeitig das Land zu bestellen, denn man lebte dann im Einklang mit der Natur und bezöge seinen Lebensunterhalt direkt von Mutter Erde, der bestmöglichen Quelle.

So machte Musonius aus einer demütigenden Strafe die Möglichkeit zur individuellen Entfaltung und sogar noch zur weiteren Verbreitung seiner Lehre und stellte (sinngemäß) fest: „Manch einer war durch seine Völlerei und seinen Wohlstand in einem schlechten Gesundheitszustand, bevor das Exil ihm zu neuer Kraft verhalf und ihn zu einem gesünderen Leben zwang." In seinem Unterricht ließ er wissen, dass man eine Verbannung ins Exil keineswegs als negative Erfahrung ansehen müsste. Niemand würde dabei seine Selbstkontrolle verlieren. Wer Tugendhaftigkeit besäße, die zu einem guten Ruf und Ruhm führt, würde sie auch im Exil behalten. Also würde ein guter Mensch auch als Verbannter diesem Ruf gerecht werden. Nur ein schlechter Mensch würde sich im Exil unwohl fühlen, aber keineswegs wegen des Exils, sondern weil er eben ein schlechter Mensch wäre.

Musonius fällt unter die Kategorie Praktische Philosophie, weil er seine Lehre nicht als abstrakte Leitsätze betrieb, sondern als praktische Anleitung. Die richtige Lebenseinstellung und die damit verbundene menschliche Handlungsweise sah er als Lernprozess an, in dem geübt und trainiert werden muss, um letztlich Tugendhaftigkeit zu erreichen. Der Philosophie-Unterricht war für ihn das Mittel, edle Charaktere herauszubilden. Mit Würde zu leben war das Ergebnis. Materieller Wohlstand diente nicht als Motivation. Wichtig war jedoch für den Philosophen, dass man seinen privaten Alltag und seine Existenz als Bürger Roms nicht trennte. Man sollte in der Rolle als Familienmitglied und als Einwohner eines mächtigen Reichs gleichermaßen ein guter Mensch sein.

Musonius wollte mit seinen philosophischen Unterweisungen das Urteilsvermögen des Menschen stärken. Seine Schüler sollten lernen, was wirklich gut und wirklich böse ist und die bloßen Eindrücke von diesen beiden Eigenschaften von der Realität unterscheiden können. Diese Urteilsfähigkeit sollte zu ihrer zweiten Natur werden. So sollten sie in die Lage versetzt werden, Gutes zu unterstützen und Böses zu vermeiden. Man musste auch Eigenschaften wie Mut und Tapferkeit entwickeln, um schwierige Situationen zu meistern. Weiterhin sollte der Gerechtigkeitssinn gestärkt werden, und man sollte sich in Besonnenheit üben, um den Überblick zu behalten und nicht spontan etwas Falsches zu tun.

Musonius vertrat die Ansicht, dass Menschen nicht von Natur aus schlechte Eigenschaften haben. Soweit sie sich unsozial verhalten, hätten sie das erlernt. Wenn Kinder eine unangemessene Sozialisierung durchlaufen, so argumentierte er, dann machten sie es sich zur Gewohnheit, schwierige Situationen als Böses zu erleben. Lustgewinn halten sie für erstrebenswert, den Tod für ein Unglück und das Leben für einen Segen. Sobald sie einen materiellen Schaden erleiden, sehen sie das als Verlust an, und wenn sie Geld bekommen, ist es ein Gewinn. Für philosophische Erziehung sind sie schwer zugänglich.

Die Ziele für die richtige Lebenseinstellung waren für Musonius, Lustgewinn und Vergnügen nicht an erste Stelle zu setzen, für schwierige Situationen gewappnet zu sein, sich von einem angenehmen Leben nicht blenden zu lassen und den Tod nicht zu fürchten. Sollte man es zu Wohlstand bringen, dann dürfte man auf keinen Fall mehr nehmen, als man selbst gibt. In seinen Lehren orientierte er sich stark an der Askese. Ein Mensch sollte sich rechtzeitig an extreme Temperaturen, karge Nahrung und ein unbequemes Nachtlager gewöhnen. Er empfahl vegetarische Ernährung. Man sollte sich von den Produkten seiner Haustiere ernähren, statt sie zu schlachten und zu essen, außerdem wären die Früchte der Saison und Gemüse als Nahrung geeignet.

Musonius sprach sich für Mäßigung, häufiges Baden und das Benutzen einer Bürste für die Haut aus und fügte hinzu

„Fresst nicht!". Bescheidenes und moralisch verantwort-
bares Leben sah er als Quelle der Freude an. Er ging davon
aus, dass jeder Mensch mit der Fähigkeit für ein gutes Leben (in seinem Sinn) geboren wird, aber erzogen werden
muss. Seinem Schüler Epiktet, der ein großer Philosoph
wurde, vermittelte er sogar, dass ein guter Mensch durch
Zurückweisung nicht unsozial wird, sondern seine wahre
Natur noch intensiver entwickelt.

Musonius stand einem Anhänger des Stoizismus, dem **Senator Rubellius Plautus**, im Exil bei, der bei Nero in Un-
gnade gefallen war und dann während des Exils von ihm
zum Tode verurteilt wurde. Sein Rat war, nicht zu fliehen
und fortan nur noch in Angst und Schrecken zu leben, sondern dem Tod gelassen ins Auge zu sehen. Für einen Stoiker wie ihn war das die angemessene Einstellung. Der Sinn
des Lebens bestand darin, seinem Gewissen und seinen
moralischen Überzeugungen zu folgen. Das war auch nicht
als Emotion gedacht, sondern als Ergebnis vernünftiger
Überlegungen. Also sah man dem Ende eines Lebens, das
man verantwortungsvoll geführt hatte, mit Würde entgegen. Plautus folgte dem Rat und wurde dann im Auftrag
Neros im Exil ermordet.

Erstaunlich ist in der Philosophie Musonius', dass er Männern und Frauen gleichermaßen Verstand und gute Veranlagung zusprach. Die Geschlechter waren in der gesellschaftlichen Wirklichkeit nicht gleichberechtigt. Er ging
auch davon aus, dass Frauen genauso philosophisch denken konnten und belehrbar waren wie Männer – ebenfalls

keine Selbstverständlichkeit in der antiken Welt. **Die Grundlage für das Leben in der Gemeinschaft sah er in Ehe und Familie.** Er hielt beide Ehepartner für verpflichtet und in der Lage, allen anfallenden Tätigkeiten nachzukommen. Sie sollen füreinander einstehen und sich gegenseitig versorgen. Eigentum soll gemeinsames Eigentum sein. Nichts sollte man sich vorenthalten, „nicht einmal die Körper". In der Ehe sollte es perfekte Kameradschaft und große Liebe geben. Das war nach seiner Ansicht der entscheidende Unterschied zu den Tieren, die sich fortpflanzen, aber nicht lieben. Für die Wahl des Ehepartners sah er nicht Wohlstand oder äußeres Erscheinungsbild und schon gar nicht die Herkunft als entscheidend an, sondern physische und psychische Stabilität. Musonius hatte eine von der Gesellschaft abweichende moralische Vorstellung über Sexualität. Sie sollte ausschließlich der Zeugung und der Weiterentwicklung der Familie dienen und nur innerhalb der Ehe praktiziert werden. Er sagte (sinngemäß): „Wer die menschliche Ehe zerstört, zerstört das Heim, die Stadt, sogar die gesamte Menschheit."

Zur Tugend gehörte für Musonius die Fähigkeit, angemessen mit Verletzungen umzugehen, und zwar im Sinne von Verzicht auf Rache. Wenn man zurückbeißen würde, nachdem man gebissen wurde, so meinte er, würde man sich nicht wie ein Mensch, sondern wie ein wildes Tier verhalten. Und weiter (sinngemäß): „Verletzungen ohne wilden Zorn hinzunehmen, sich denen gegenüber wohlwollend zu

zeigen, die sich falsch verhalten und ihnen eine hoffnungs-
volle Quelle zu sein – das ist charakteristisch für eine gü-
tige und zivilisierte Lebensweise." Er hatte auch Freude an
Sprachspielen: „Die Menschheit muss suchen, was nicht
einfach und offensichtlich ist, indem sie das Einfache und
Offensichtliche dafür nutzt."
Sexuelle Aktivitäten mit Sklaven verurteilte er ebenfalls,
was als Schutz der Sklaven zu verstehen ist, für die er sich
einsetzte. Auch das war selten in der Antike, wo man die
Sklaverei im Allgemeinen als naturgegeben ansah. Musonius sprach sich außerdem gegen das Aussetzen von Kindern aus. Auch damit setzte er sich von der herrschenden
römischen Moral ab. Ein Kind wurde nach der Geburt dem
Vater gezeigt, und wenn der es nicht annahm, sondern
verstieß, setzte man es aus.

Musonius hielt Philosophen für die besten Staatsführer. Es
müssten allerdings weise Menschen sein, ausgestattet mit
Selbstbeherrschung, Weisheit, Großmut, Gerechtigkeitssinn und guter Urteilskraft. Musonius wurde zum Lehrer
von Epiktet.

Epiktet (ca. 50 – ca. 138 n. Chr.)

Leben und Lehre

Epiktet wurde als Sklave im griechischen Hierapolis (in Phrygien, Teil der heutigen Türkei) geboren. Sein Besitzer hieß **Epaphroditus** und war ein hoher Beamter des **Kaiser Nero**, der seinerseits als fanatischer Christenverfolger und mutmaßlicher Brandstifter Roms in die Geschichte einging. Epiktets Name bedeutet „ein zusätzlich Erworbener", was auf seinen Sklavenstatus schließen lässt. Im Altertum war es üblich, dass Sklaven der Oberschicht Bildung genossen. Am Hofe und in Adelskreisen wollte man mit den schönen Künsten glänzen, dabei jedoch unter sich sein. Gedichte wurden beispielsweise im engen Kreis vorgetragen. Die unteren Schichten sollten bildungsfern bleiben. Nero selbst, bekannt für Grausamkeiten, hielt sich für künstlerisch begabt, u. a. schrieb er Poesie. Er soll sich vom brennenden Rom zum Dichten inspiriert gefühlt haben.

Epiktet genoss ausführlichen Unterricht. Vor allem in der Praktischen Philosophie des Stoizismus erreichte er hervorragende Kenntnisse, da es sich bei seinem Lehrer um den bekannten und einflussreichen **Gaius Musonius Rufus** handelte. Im Allgemeinen geht man davon aus, dass sein Besitzer Epiktet gut behandelte. Doch es gibt auch die Annahme, dass er für sein Hinken verantwortlich sein sollte, weil er sein Bein in einem Anfall von Jähzorn misshandelte. Dies soll Epiktet mit stoischer Ruhe hingenommen haben. Es besteht gleichermaßen die Möglichkeit, dass er von Geburt an eine Behinderung hatte.

Epiktet erlangte die Freiheit. Sein Besitzer Epaphroditus war von dem extrem misstrauischen **Kaiser Domitian**, ein Nachfolger Neros, getötet worden, weil er ihn, wie viele andere, der Verschwörung gegen ihn verdächtigte. Tatsächlich löste gerade die Ermordung Epaphroditus' eine Verschwörung gegen Domitian aus, deren Mitglieder aufgrund der Mordlust des Kaisers immer mehr Angst um ihr eigenes Leben bekamen und ihn einige Jahre später hinterhältig töteten. Epiktet wurde dadurch ein freier Mann Roms.

Epiktet widmete sich intensiv dem **Stoizismus**. Dann ereilte ihn das gleiche Schicksal wie Seneca, da Kaiser Domitian von verschiedenen Seiten kritisiert wurde, darunter auch von bekannten Denkern. Um sich der unliebsamen Stimmen zu entledigen, verbannte er alle Philosophen aus dem Herrschaftsbereich Roms.

Epiktet ließ sich in der antiken Stadt **Nekopolis** im nordwestlichen Griechenland nieder. Hier gründete er **eine eigene Schule**, die er sein Leben lang führte. Seine Person, seine Einrichtung und seine Lehre waren schnell hochgeachtet. In der Antike genossen Schulen mit Lehren der verschiedenen Künste und Wissenschaften ohnehin ein gutes Ansehen. Doch Epiktets Schule genoss den besten Ruf, an-

gesehene Philosophen und wohlhabende Bürger Roms ließen es sich nicht nehmen, sich dort einzuschreiben. Darunter war auch der Geschichtsschreiber **Lucius Flavius
Arrianus (95 -175 n. Chr.)**. Ihm ist der Erhalt verschiede-
ner Texte und Gedanken Epiktets zu verdanken, die er zu-
sammenstellte. Am bekanntesten ist das sogenannte **En-
chiridion**, das „Handbüchlein der stoischen Moral". Es besteht zum größten Teil aus kurzen Texten, die Prinzipien
darstellen. Beispiele sind (sinngemäß):

„Bevor du behauptest, dass jemand sich unkorrekt verhält, solltest du verstehen, aus welchen Prinzipien heraus
er so handelt. Wie solltest du sonst wissen, ob er sich unkorrekt verhält?"

„Falls dich jemand beleidigt, dann denke daran, dass nicht
der Mensch, der die Beleidigung ausspricht, dich wirklich
beleidigt. Die wirkliche Beleidigung liegt in den Prinzipien,
die man für richtig hält. Wenn du dich also von jemand
provoziert fühlst, dann wendest du deine eigenen Prinzipien an, die dich provozieren." Ähnlich meint er auch:
„Wenn jemand deinen Körper einem Fremden übereignen
würde, den er auf seinem Weg trifft, wärst du sicherlich
sehr wütend. Fühlst du also keine Scham, wenn du deinen
Geist an jemanden übergibst, der dich verwirrt, indem er
dich verbal attackiert?" (Mit anderen Worten, man soll
solche Attacken ignorieren.)

„Wenn du mitbekommst, dass jemand schlecht über dich
spricht, dann entschuldige dich nicht für das, was man
über dich sagt. Antworte lieber: Er kennt meine anderen

Fehler nicht, sonst würde er nicht speziell über diesen einen gesprochen haben."

Epiktet heiratete nicht und lebte allein. Er hatte keine eigenen Kinder, soll aber in fortgeschrittenem Alter das Kleinkind eines Freundes adoptiert haben, der es aufgrund seiner Armut sonst ausgesetzt hätte. Mithilfe einer Amme soll er es wie sein eigenes aufgezogen haben. Er selbst lebte immer in bescheidenen Verhältnissen. Er verstand sich in dieser Hinsicht als **Kyniker, Krates von Theben unter diesem Gesichtspunkt folgend**. Viel mehr, als er zum Leben brauchte, besaß er nicht. Eine gute Lampe sah er schon als Luxus an. Zu diesem Utensil gab er sogar eine Extra-Lektion an Praktischer Philosophie. Er besaß eine Lampe aus Eisen. Eines Tages stellte er fest, dass sie gestohlen worden war. Er hatte sogar noch das Geräusch vernommen, dass der Dieb verursacht hatte, als er die Lampe aus der Wohnung stahl. Danach überlegte Epiktet in Ruhe und kam zu dem Schluss, dass die Ursache für den Diebstahl einen nachvollziehbaren Grund gehabt haben müsste. Um die Situation abzuschließen, entschied er sich, am nächsten Tag eine neue Lampe aus einem anderen Material zu kaufen. Als typische Erkenntnis eines kynisch – also asketisch – orientierten Stoikers machte er daraus die Lektion, dass man nur das verlieren kann, was man besitzt. Mit anderen Worten: Man sollte nicht viel besitzen, dann kann einem auch nicht viel abhandenkommen. Ohnehin sollte man sich an dem erfreuen, was man hat, und nicht um das trauern, was man nicht hat.

Gleichzeitig fand er mit dem Kauf der neuen Lampe eine Lösung für seinen Seelenfrieden, indem er die Situation beendete und sich nicht länger damit auseinandersetzte. So ersparte er sich Gefühle wie Rachegelüste und Ärger. Er kämpfte gegen das, was geschehen war, nicht an. In diesem Sinne sagte er an einer anderen Stelle (sinngemäß): **„Es ist immer möglich, einen verrauchten Raum zu verlassen."** Er ging davon aus, dass man zu jeder Zeit seinen freien Willen anwenden kann und immer eine Wahl hat. Das wäre sogar genau das, womit ein Mensch die Ordnung in der Welt sinnvoll und angemessen mitgestaltet und was zur Harmonie beiträgt. Jeder Mensch sollte die Überzeugung zu seinem Grundsatz machen, einen freien Willen zu haben und ihn zu nutzen. Beispielsweise kann man sich aus einer belastenden oder unangenehmen Situation herausziehen. Er fordert dazu auf, in diesem Fall zu sagen **„Ich spiele nicht mehr mit"**, wenn so etwas eintritt. Das nicht zu tun, hält er für feige.

Epiktet sagte seinen Schülern immer wieder, dass sie nicht erwarten sollten, mit seiner Philosophie ein leichtes Leben führen zu können. Vielmehr müsse man an seiner inneren Haltung hart arbeiten, erst dann könne man seine Affekte beherrschen. Doch das würde sich lohnen. Er sprach von einem schönen Becher, den man gern nutzt. Man sollte ihn aber nur als Gebrauchsgegenstand betrachten, dann hinge man ihm nicht nach, wenn er kaputtgeht.

Epiktet machte bei Objekten nicht halt. Er sprach ebenso davon, dass ein Mann seine Ehefrau lediglich als Menschen ansehen sollte, dann hätte er nicht so ein großes Problem, falls sie stirbt. Um seine Haltung zu untermauern, zog er Beispiele aus der griechischen Mythologie heran. Den Trojanischen Krieg löste aus, dass der trojanische Königssohn, namens Paris, die Frau des spartanischen Herrschers Menelaos, namens Helena, entführte. Sie entkamen als Liebespaar. Menelaos begann aus Rache den Krieg gegen Troja. Epiktet hielt das für keine gute Lösung. Menelaos hätte besonnen reagieren und in erster Linie Ruhe bewahren sollen. Dann hätte er erkannt, wie gut es für ihn war, eine solche Frau loszuwerden. Die Betonung der Besonnenheit und das Brandmarken von Ungeduld teilte Epiktet im Übrigen mit Sokrates.

Auch für Medea und Jason, Figuren aus dem Mythos der Argonauten, hatte Epiktet einen Ratschlag. Sie hatten geheiratet, aber Jason verliebte sich in eine andere Frau und verließ Medea. Die tötete daraufhin nicht nur die neue Frau an der Seite des untreuen Gemahls, sondern auch ihre eigenen Kinder, die sie mit ihm hatte. Das hätte sie nicht tun sollen, proklamiert Epiktet. Sie hätte sich in Ruhe über ihre Gefühle klar werden sollen, was zur Kontrolle der Emotionen geführt hätte. Dann hätte sie nicht in einem spontanen Anfall von Rachsucht ihre eigenen Nachkommen ermordet. Mit einem dritten Beispiel berichtet Epiktet über einen Mann, der sein krankes Kind von Zuhause verbannt, weil er es nicht leiden sehen kann. Es soll erst wieder zurückkommen, wenn es gesund geworden ist. Auch das verurteilt Epiktet, er brandmarkt das Verhalten als Ungeduld und mangelnde Auseinandersetzung mit der Situation und den eigenen Gefühlen. Unterlässt man die Reflexion, kann man seine Einstellung nicht genügend prüfen und trifft zweifelhafte Entscheidungen.

Die Stoiker gingen im Allgemeinen sehr weit, was die Forderung nach Anpassung an gegebene Verhältnisse betrifft. Sie waren der Ansicht, dass jeder sich an seine soziale Rolle optimal anpassen sollte, vom Adeligen bis zum Sklaven. Als Metapher hielten sie bereit, dass ein Hund, der an einen Wagen gebunden wird, in jedem Fall mit dem Wagen mitläuft. Er könnte das nun gegen seinen Willen und damit leidvoll tun, oder eben mit seinem Willen und deshalb ohne Leid. Die Frage der physischen Grenzen wurde in diesem Zusammenhang nicht gestellt. Die stoische Art der Praktischen Philosophie forderte viel Disziplin.

Epiktet hielt auch ein Beispiel bereit, wie man Begierden im Zaum hält. Er erklärt (sinngemäß): „Wenn ich eine schöne Frau sehe, dann stelle ich sie mir nicht automatisch nackt vor. Ich stelle mir auch nicht vor, wie ich mit ihr ins Bett gehe. Ich stelle mir nicht vor, was alles passieren könnte. Stattdessen rede ich mir selbst gut zu, den Sinneseindruck zu stoppen. Ich will ihn reflektieren und schauen, was dahintersteckt. Ich teste ihn." Obwohl Epiktet unverheiratet blieb, verurteilte er Ehebruch scharf.

Philosophie

Die Philosophie Epiktets dreht sich um die Ethik, wie sie auch heute in der Praktischen Philosophie eine Rolle spielt. Grundsätzlich unterschied Epiktet scharf zwischen Dingen, die man unter Kontrolle hat, und solchen, die man nicht kontrollieren kann. Als Beispiele für erstere nannte er sowohl die eigene Meinung wie auch den eigenen Willen und die selbsternannten Zielsetzungen. Darüber hinaus gehört auch die Hoffnung dazu, die man nicht aufgeben soll, Abneigungen, die man hegt, und alle Handlungen, die man ausführt. Zu dem, was man nicht unter Kontrolle haben kann, zählte er die körperliche Disposition, die man mitbringt und in seinem Leben hat, das Eigentum, das man besitzt, das Ansehen, das man bei anderen genießt, die Herrschaft, unter der man steht, und die Handlungen, die andere Menschen ausführen. Für den Fall, dass man Wut und Verärgerung spürt, soll man sich diese beiden unterschiedlichen Ausgangspunkte vor Augen halten.

Die Unterscheidung verträgt sich gut mit seiner Auffassung, dass man den Platz in der Gesellschaft, den man innehat, akzeptieren und ihm sogar optimal gerecht werden soll, und auch damit, dass Epiktet jeden Menschen in voller Verantwortung für alles, was er tut, sah. Bei Dingen, die man nicht in seiner Kontrolle hat, soll man davon ausgehen, dass man im Grunde nichts mit ihnen zu tun hat. **Was Menschen wirklich beunruhigt, sind laut Epiktet keineswegs die Menschen, Dinge und Situationen als solche, sondern lediglich die Bedeutung, die man** ihnen beimisst – nach individuellem Ermessen und Urteil. Er weist eindringlich darauf hin, dass man niemals einem anderen die Schuld an den Umständen, unter denen man leidet, in die Schuhe schieben soll. Wenn man durch irgendetwas in seinen Vorhaben behindert wird oder sich etwas zu Herzen nimmt, so geht das immer auf die eigene Einstellung zurück. Man soll sich sein Schicksal genauso wünschen, wie es nun einmal ist, dann hätte man den Schlüssel zum Glück immer in der Hand.

Jammern wäre nie zu etwas gut. Sogar zum Thema Tod sagte er noch (sinngemäß): „Ich kann dem Tod nicht entkommen. Aber muss ich deshalb lamentierend und zitternd sterben?" Außerdem empfahl er, sich den Tod und das Exil täglich vor Augen zu führen, dann würden dem Menschen keine bitteren Gedanken mehr durch den Kopf gehen, und er hätte keine Begierden mehr (in der unruhigen Zeit, in der Epiktet lebte, musste man damit rechnen, wegen eines Vergehens ins Exil verbannt zu werden, es war eine oft verhängte Strafe).

Führende Menschen sollten immer Vorbild sein. Sie brauchten nicht viel zu reden, denn mit ihrem Handeln würden sie zeigen, was richtig ist. Ohnehin sollte man nicht zu viele Worte machen und sich kurz und präzise ausdrücken. Nur das Nötigste müsste verbalisiert werden, man könnte in vielen Situationen schweigen. Jedes Wort und jede Handlung sollte man gut überlegen, bevor man etwas äußert oder tut, denn nichts davon kann man rückgängig machen.

Epiktet sieht es als das Beste für den Menschen an, sich von Begierden bzw. Gier zu lösen, um glücklich zu werden. Eigentum und Machtbefugnisse waren für ihn nicht erstrebenswert. Jeder Mensch hatte seiner Auffassung nach die Macht, über sein Leben zu bestimmen, indem er sich selbst reflektiert und an der Entwicklung seines Charakters arbeitet. Man sollte darauf hinwirken, sich nicht zu fürchten, denn Angst erzeugt Hindernisse. Deshalb sollte man auf jeden Fall die Dinge, die man nicht ändern könnte, hinnehmen und nicht versuchen, an ihnen zu rütteln.

Den Staat stellte er nicht infrage, äußerte sich aber kaum dazu. Auch zur Ehe sagte er nicht viel. Er empfahl (sinngemäß), „in geschlechtlicher Hinsicht vor der Ehe größtmögliche Zurückhaltung zu üben".

Jeder Mensch sollte sich an jemandem orientieren, dessen Handeln ihn überzeugt. Daraus resultieren eigene gute Prinzipien, nach denen man sich richten kann. Diese Richtlinien sollte man sich bewusst machen und ihnen konsequent folgen. Sie beziehen sich sowohl auf das Handeln als einzelner Mensch in einer Situation, in der man allein ist, wie auch auf Handlungen in menschlichen Gemeinschaften. Man könnte authentisches, klaren Richtlinien folgendes Verhalten schrittweise erlernen. (Diese Idee von schrittweisem Lernen, das die antike Praktische Philosophie auch auf weniger komplexe Vorgänge bezieht, übernahm die Verhaltenstherapie.) Epiktet wies auch auf die Bedeutung von geduldigem Abwarten hin. Nichts würde plötzlich geschaffen werden, man sollte nur an eine

Traube mit Wein denken. Zuerst müssen die Gewächse blühen, dann Früchte bilden, und dann müssen sie noch reifen. Welche Bedeutung er der menschlichen Vorstellungskraft beimaß, erkennt man an seiner Empfehlung, sich etwas Belastendes, das gerade geschieht, in der Zukunft vorzustellen, als wäre es bereits passiert, sodass die Sorgen darüber verschwinden oder sich wenigstens vermindern.

Viele Verhaltens- und Mentaltraining-Methoden nutzen heutzutage die Vorstellungskraft in ähnlicher Weise. Beispielsweise gibt es die Aufforderung, sich vorzustellen, welche Bedeutung eine bestimmte Handlung in zwei Tagen, zwei Monaten und zwei Jahren noch hat. Das soll Leidensdruck vermindern, die Entscheidungsfindung vereinfachen und die Handlungskompetenz steigern.

Viktor Frankl (1905 – 1997)

Epiktet vertrat die Ansicht, dass nicht eine Situation, sondern die Einstellung dazu entscheidend ist, wenngleich es natürlich eine objektive Wirklichkeit gibt. Wie weit kann das gehen, vor allem in extremen Lebenslagen? Zu den Menschen, die Extremerfahrungen gemacht haben, gehört der österreichische Neurologe Viktor Frankl, der vier Konzentrationslager überlebte und nach seiner Befreiung für Versöhnung eintrat. Er wandte Praktische Philosophie an, ohne sich auf Philosophen zu berufen. Er tat es aus eigener Kraft, genau wie Rhonda Cornum.

Frankl sprach nach der Befreiung über seine Erfahrungen. Er betonte, dass er die unmenschlichen Bedingungen deshalb überlebte, **weil es ihm gelang, seinem Leben auch während dieser grausamen Erfahrungen einen Sinn zu geben.** Es konnte ihm alles genommen werden, aber nicht seine innere Einstellung – eine grundlegende Erkenntnis Epiktets. Die letzte menschliche Freiheit, sich für eine Position zu den gegebenen Verhältnissen zu entscheiden, blieb ihm. Darauf baute er auf. Er war der festen Überzeugung, dass er eine Wahl hatte. „Es gab noch ein so oder anders", sagte er sinngemäß. Er nutzte diese letzte verbliebene Freiheit seines menschlichen Geistes dazu, seinem Leben einen Sinn zuzusprechen. Dadurch konnte er das subjektive Leiden verringern. Er ging in seinen späteren Vorträgen nach dem Krieg sogar so weit, zu behaupten, dass man Leiden nicht mehr als solches empfindet, wenn man einen Sinn darin sieht. Diesen Sinn muss man selbst finden und von ihm überzeugt sein. Der Glaube an den Sinn ermöglichte Frankl, die Konzentrationslager zu überstehen, ohne dass seine Psyche nicht mehr wiedergutzumachenden Schaden erlitt. Er nahm sich vor, seine Erfahrungen an andere Menschen weiterzugeben und damit zu verbinden, auch ihnen einen besseren Zugang zum Sinn des Lebens zu vermitteln.

Nach seiner Befreiung entwickelte er eine Theorie, nach der **der Sinn des menschlichen Lebens darin besteht, ein Ziel zu verfolgen.** Dabei unterscheidet er zwischen

Ziel und Mission. Ein Ziel kann sein, als Künstler eine bestimmte Anzahl von Werken zu schaffen. Ist das geschehen, hat man das Ziel erreicht und setzt sich ein neues, was auch in einer anderen Lebensphase ein völlig anderes sein kann. Die Mission liegt darin, mit den Werken für andere Menschen etwas zu tun, beispielsweise dafür zu sorgen, dass sie einen kulturellen Zuwachs genießen. Die Mission sollte immer Freude bereiten, dem Künstler selbst und denen, die damit in Berührung kommen. Sie ist ein Beitrag zum sozialen Leben der Menschen.

Damit Menschen ihre Ziele erreichen können, gibt Frankl einige Prinzipien an, die man gut als Praktische Philosophie verstehen kann. Man soll sein Ziel klar vor Augen haben, moviert und engagiert am Erreichen arbeiten und dabei Hindernisse überwinden und nicht bei Hindernissen aufgeben. Treten leidvolle Erfahrungen auf, soll man nicht am Sinn seines Lebens und seines Ziels zweifeln, sondern sie als Herausforderung ansehen. Lassen sich bestimmte Dinge nicht ändern, so muss man seine Einstellung dazu ändern. Man soll dem Leben immer positiv gegenüberstehen. Frankl weist darauf hin, dass man den Sinn und die Ziele seines Lebens nicht im Äußeren findet, sondern in der eigenen Innenwelt. Letztlich, so meint er, kann man das alles spüren. Existenziell wichtig ist, sich klarzumachen, dass man immer eine Entscheidung treffen kann. Viele Menschen denken, sie wären gezwungen, dies oder jenes tun, oder sie hätten keine Alternative. Oft schließt man dabei eine Alternative aus, die auf keinen Fall infrage kommt, ohne zu bedenken, dass es ja trotzdem eine Alternative darstellt. Denkt man in Kategorien der Praktischen Philosophie, so hat man immer eine Alternative, im Handeln oder im Denken. Jemand, der bettelt, entscheidet sich beispielsweise, nicht zu stehlen, sondern zu betteln. Ebenso entscheidet er über seine innere Einstellung zum Betteln, so kann er es etwa als vorübergehend oder als ewiges Schicksal ansehen.

Die Philosophie Epiktets spielte nicht nur für die Entwicklung der Philosophie eine große Rolle, auch andere Persönlichkeiten wurden zu seinen Anhängern. Beispielsweise zeigte sich der amerikanische Präsident Thomas Jefferson als großer Bewunderer und bewertete Epiktet als einen Philosophen, der alles, was die Stoiker an gutem Gedankengut vertraten, zusammenfasste. Doch zunächst war es Marc Aurel, der vieles von Epiktet übernahm und den Stoizismus aufrechterhielt.

Mark Aurel (121 – 180 n. Chr.)

Leben und Lehre

Mark Aurel war ein bedeutender Vertreter des Stoizismus, ebenfalls mit Betonung auf Ethik. Während Epiktet einen Teil seines Lebens als Sklave verbrachte, war Mark Aurel einen Teil seines Lebens **Imperator**. Die Praktische Philosophie der Antike stellt sich also mit zwei Vertretern vor, die aus entgegengesetzten gesellschaftlichen Schichten stammen, die nicht weiter voneinander entfernt sein könnten.

Aurel stammte aus einer wohlhabenden spanischen Familie, deren Vorfahren mehrere Generationen zuvor nach Rom übergesiedelt waren. Als er im Jahr 121 geboren wurde, hatte sein Großvater zum zweiten Mal den Status eines Konsuls inne, der später noch einmal verlängert wurde. Gleichzeitig war er für den damaligen **Kaiser Hadrian (78 – 138 n. Chr.)** als Präfekt für die Stadt Rom tätig. Diese Beziehung nutzte er, um seinen Sohn **Annius Verus mit Domitia Lucilla** zu vermählen, die aus einer wohlhabenden Familie stammte und zudem noch zur Verwandtschaft des Kaisers zählte. Aus der Ehe gingen eine Tochter und Mark Aurel hervor.

Aurel wuchs in einer vertrauensvollen Umgebung auf. Als Erwachsener sprach er seinem Vater gute Urteilskraft und die richtige Balance zwischen Strenge und Verständnis zu, auch gegenüber seinen Untergebenen im beruflichen Umfeld. Aurel besuchte die Schule und erlernte die grundlegenden Bildungstugenden Lesen, Schreiben und Rechnen. Danach erhielt er eine gute Bildung durch eine weiterführende Schule, in der bekannte Lehrer unterrichteten. Zu dieser Zeit waren Rhetorik und Philosophie hoch angesehene Fächer. Zu den vermittelten Inhalten gehörte der **Stoizismus**, den Epiktet vertrat. Schon als Schüler war Aurel von ihm fasziniert und machte seine Philosophie zur Grundlage für seine eigene Weltanschauung, er gestaltete sein Leben nach diesen Prinzipien. Aurel war ein ernsthafter und wissbegieriger Junge und Jugendlicher mit beachtlichen intellektuellen Fähigkeiten. Als Körperertüchtigung bevorzugte er Boxen, Jagen und Ringen.

Als Aurel acht Jahre alt war, starb sein Vater und der Großvater übernahm seine Aufgaben. Zur Unterstützung beschäftigte er Erzieher, darunter einen freigelassenen Sklaven, der sich mit Philosophie auskannte. Kaiser Hadrian beobachtete Aurel von Kindheit an. Er nannte ihn sogar mit dem Spitznamen „Verissimus", was „in höchstem Maß wahrhaftig" bedeutet.

Als Aurel fast erwachsen war, wurde der kinderlose Hadrian krank und sah sein Ende kommen. Nun war ihm daran gelegen, seine Nachfolge rechtzeitig zu regeln. Seine Ehe war kinderlos geblieben. Allerdings war er auch homosexuell orientiert und hatte einen Liebhaber. Im Jahr 136 hatte er bereits bestimmt, dass Mark Aurel sich mit **Fabia**, der Tochter seines Adoptivsohns, verloben sollte, was auch geschah. So wollte Hadrian die Herrschaftsnachfolge über zwei Generationen sichern. Sollte sein Adoptivsohn, nachdem er die Herrschaft innehatte, sterben, würde Mark Aurel als Ehemann der Tochter als natürlicher Nachfolger gelten.

Der Adoptivsohn, Konsul Ceionius Commodus, den Hadrian als Nachfolger benannt hatte, verstarb plötzlich. Zwei Verwandte, die es wohl geschafft hätten, ihn in seiner Herrschaft zu beerben, hielt er für **unfähig und ließ sie** hinrichten. Dann entschied er sich für den Senator Titus Aurelius Antonius (86 – 161), der als **Kaiser Augustus Pius** in die Geschichte einging. Hadrian plante langfristig. Er machte seinem Nachfolger zur Auflage, zwei Adoptionen durchzuführen. So nahm Aurelius Antonius den siebzehnjährigen Mark Aurel als Kindes an, und ebenso den achtjährigen Aurelius Commodus, den Sohn des verstorbenen Konsuls Ceionius Commodus. **Aurelius Commodus wurde später auch Lucius Aurelius Verus** genannt und ging als **Kaiser Verus** in die Geschichte ein. Zwischen Mark Aurel und seinem Adoptivvater entwickelte sich ein tiefes Vertrauensverhältnis, das bis zum Tod des Älteren hielt.

Als Hadrian im Jahr 138 starb, wurde aus Aurelius Antonius der **Kaiser Antonius Pius**. Er brachte Mark Aurel von Anfang an auf die Beamtenlaufbahn des Regierungsapparats, um ihm eine gute Startposition für den Staatsdienst zu geben. Aurel begann auf der untersten Ebene als Quästor und durchlief alle weiteren Stufen mit gutem Erfolg. So erreichte er das höchste Amt und wurde Konsul. Hier nutzte er seine Befugnisse und ließ eine Verbindung von staatlichen und religiösen Ämtern zu. Er sorgte nämlich dafür, dass Inhaber von Magistraten (hohe Beamte) ihre Ämter mit dem Ausüben der Priesterschaft verbinden durften.

Im Jahr 145 löste er auf Anraten des Kaisers seine Verlobung mit Fabia, die ja keinen Zweck mehr erfüllte, und heiratete die Kaisertochter **Annia Galeria Faustina**, auch **Faustina die Jüngere** genannt. Antonius Pius war nun sein Kaiser, sein Adoptivvater und sein Schwiegervater.

Parallel zu seiner beruflichen Laufbahn betrieb Mark Aurel seine philosophischen Studien, die er 146 abschloss. Zu den favorisierten Inhalten gehörten Rhetorik und Latein. Zu den großen Denkern und Philosophen, die ihn unterrichtet hatten, unterhielt er weiterhin gute Kontakte. Nach wie vor hatte er Epiktet als Vorbild. Im März des Jahres 161 lag Kaiser Augustus Pius auf dem Sterbebett. Er signalisierte seinen Wunsch, dass Mark Aurel sein Nachfolger werden sollte, indem er ihm eine Statue der Göttin Fortuna, die er sorgfältig in seinem Haus bewahrte, bringen ließ. Dieses Zeichen verstand man, und niemand erhob dagegen Einspruch. Mark Aurel machte seinen Stiefbruder Lucius Aurelius Verus zu seinem Mit-Regenten bzw. zum Kaiser Verus. Er starb im Jahr 169.

Von da an regierte Mark Aurel allein, beteiligte seinen **Sohn Commodus** jedoch in den letzten Jahren an der Herrschaft. Während er von seinem Stiefvater und Vorgänger Antonius Pius immer viel gehalten hatte und ihn wegen seiner Umsicht als Vorbild für einen Regenten ansah, fühlte er sich von seinem eigenen Sohn oft enttäuscht. Obwohl er ihm die beste Erziehung und Bildung angedeihen ließ, entwickelte er sich nicht nach seinen Vorstellungen.

Aus seiner langjährigen Ehe gingen dreizehn Kinder hervor, von denen einige nicht lange lebten. Seine Tochter Lucilla und sein Sohn Commodus galten als die Hoffnungsträger. **Mark Aurel verheiratete Lucilla mit seinem Co-Herrscher Kaiser Verus**, als sie siebzehn Jahre alt war. Wie es in Rom dieser Zeit üblich war, diente die Heirat politischen Zwecken und in diesem Fall der Verquickung von Herrschaftszwecken mit Familienbanden. Nach Verus' Tod gab er seine Tochter an Tiberius Claudius Pompeianus, der wesentlich älter war. Es handelte sich um einen begabten Militär, den er zeit seines Lebens als Berater behielt. Diesmal diente die Heirat der Aufrechterhaltung der guten Beziehung zu ihm.

Antonius Pius hatte weitestgehend den Frieden aufrechterhalten können, doch Mark Aurel sah sich Grenzkonflikten ausgesetzt. Volksstämme aus Britannien, Syrien, dem Partherreich und weiteren Gebieten versuchten immer wieder, ins römische Herrschaftsgebiet einzudringen. Seinen Sohn Commodus machte Mark Aurel im Jahr 177 ebenfalls zum Kaiser, sodass es wiederum zwei Kaiser gab. Vater und Sohn standen gegen die Germanen auf dem Schlachtfeld, wodurch Commodus sich einen guten Ruf als tapferer Kämpfer erwarb. Nach erfolgreichem Vorgehen gegen Syrer und Armenier wegen Grenzstreitigkeiten feierte man ihn in einem aufwendigen Triumphzug als Helden. Ansonsten nahm er sich seinen Vater nicht als Vorbild, schon gar nicht in philosophischer Hinsicht.

Auch seine Ehefrau **Faustina** machte Mark Aurel keine rechte Freude, wenn sie ihm auch reichlichen Kindersegen schenkte. Man verdächtigte sie, unliebsame Personen zu vergiften. Außerdem zeigte sie intensives Interesse an stattlichen Männern von ruhmreichen Gladiatoren bis zu Inhabern hoher Ämter, was ihr einen schlechten Ruf einbrachte. Ihr Ehemann verteidigte sie jedoch immer wieder. Sie begleitete ihn bei einigen Kriegszügen und hielt sich im Heereslager auf. Daher verlieh Mark Aurel ihr – als Erster – die Ehrenbezeichnung „**Mater castrorum**" mit der Bedeutung „Mutter des Heereslagers". Dieser Ehrentitel wurde in den kommenden Jahrhunderten an vergleichbar engagierte Kaiserinnen verliehen und verlor sich dann.

Geschichtsschreiber gehen davon aus, dass Mark Aurel seiner Frau sehr zugetan war und sie nicht missen wollte. 176 starb Faustina in einem kleinen Ort an den Folgen eines Unfalls. Mark Aurel trauerte sehr um seine Frau und benannte die Ansiedlung zu ihren Ehren in Faustinopolis um. Das Kaiserpaar befand sich auf einer Reise zur Quelle eines Aufstands in Syrien, der durch eine Falschmeldung entstanden war. Man hatte verlauten lassen, Mark Aurel wäre verstorben. Pikanterweise hatte Faustina dem Statthalter Roms, der in Syrien stationiert war, vorher mitgeteilt, sie würde ihn ehelichen, falls ihr Mann in den Kriegswirren fallen würde. Auf diese Weise wollte sie ihre Herrschaft sichern und verhindern, als hilflose Kaiserwitwe zurückzubleiben. Doch das Angebot wirkte sich erneut schädigend auf ihren Ruf aus, weil man ihr ein allzu enges Verhältnis zu dem Statthalter nachsagte.

Mark Aurel erwies sich während seiner Zeit als Kaiser als umsichtiger und verantwortungsvoller Herrscher. Er besetzte einflussreiche Positionen, vor allem im Justizwesen, mit ehrbaren und fähigen Männern. Schon Antonius Pius hatte auf Mark Aurels Menschenkenntnis vertraut, und er bewies sie im Besetzen von Positionen immer wieder aufs Neue. Ein gewisser sozialer Aufstieg war gewährleistet. Mit einem guten Ruf konnte man höhere Ränge bekleiden, auch wenn man aus einfachen Verhältnissen stammte. Hier machte sich seine stoische Weltanschauung der Praktischen Philosophie bemerkbar. Er wollte, dass es auf die Einstellung und den Charakter eines Menschen ankam und nicht auf seine Herkunft. In Gerichtsverhandlungen rang er um ein gerechtes Urteil, oft stundenlang. War er nicht im Kampf, führte er die Verhandlungen häufig selbst durch. Seine Lebensweise war ein Vorbild an Disziplin und Sparsamkeit. Um Kriegszüge zu finanzieren, ließ er wertvolle Gegenstände aus dem kaiserlichen Hof versteigern, darunter kostbare Kriegsbeute.

Als Konsequenz aus seiner Erkenntnis, dass der Stoizismus mit seinem Bekenntnis zur Bescheidenheit die richtige Lebensweise war, hatte er schon als Kind ein weiches Bett verweigert, zur Verzweiflung seiner Mutter, die ihm immer wieder Felle auf das harte Lager legte. Ebenfalls im Kindesalter hatte er sich anstelle kostbarer Kleidung einen

Philosophenmantel zugelegt, ein derbes, simples Kleidungsstück, wie Sokrates es getragen hatte und wie es in vielen Philosophenschulen zum Zeichen des geistigen Ringens um philosophische Erkenntnisse Standard war.

Mark Aurel pflegte die kulturellen Brauchtümer seiner Zeit. Er stieß Mitglieder der Unterschicht nicht aus, wenngleich er, entsprechend dem Stoizismus, der Auffassung war, dass jeder in der ihm gegebenen Position das Bestmögliche tun sollte. Er zeigte sich tiefreligiös hinsichtlich der römischen Götter, doch er zeigte auch Toleranz gegenüber anderen Glaubensrichtungen in dem großen Reich. Niemand wurde wegen seines Glaubens benachteiligt, etwa bei der Besetzung von Ämtern.

Allerdings gab es ein Problem mit dem **Christentum**. Obwohl die Gläubigen offiziell nicht benachteiligt waren, wurden sie immer wieder zum Sündenbock gemacht. Sie durften ihre Religion zu Hause ausüben, aber nicht öffentlich zelebrieren. Während der christliche Schriftsteller Tertullian Kaiser Aurel als Christenfreund bezeichnete, sagen andere Quellen, er hätte sich phasenweise an der Christenverfolgung beteiligt, weil die Gläubigen den römischen Göttern nicht huldigen wollten. Andere warfen ihm vor, die Christen nicht genügend geschützt zu haben. Insbesondere griff er in die grausame Verfolgungswelle in Wien und Lyon im Jahr 177 nicht ein. Für Mark Aurel selbst gab es philosophische Gründe, das Christentum abzulehnen, die er nie aufgab. Er sah eine zu große Diskrepanz zum Stoizismus.

Mark Aurel erkrankte während eines Kriegszugs schwer, man vermutet, an der Pest. Er sah seinen Tod kommen und legte die typische stoische Gelassenheit an den Tag. Er hatte sich daran gewöhnt, kleine Mengen an Opium zu nehmen. Zu diesem Mittel griff er in seinen letzten Stunden. Mark Aurel hatte zeitlebens keine kräftige Konstitution und erfreute sich keineswegs guter Gesundheit. Insbesondere durch die körperlichen Anforderungen an seine Machtposition und seine Kampfeinsätze ging er oft an seine Grenzen.

Aurels Sohn Commodus trat die Nachfolge als Kaiser an, von niemandem angezweifelt oder gehindert. Er machte seinem Vater allerdings keine Ehre und war kein guter Kaiser für sein Reich und sein Volk, sondern entwickelte sich schrittweise zum Tyrannen und wurde schließlich ermordet.

Mit Mark Aurel ging eine Ära zu Ende, nämlich die einer verantwortungsvollen Herrschaft der Kaiser. Von der Übernahme der Macht durch Kaiser Nerva im Jahr 96 bis zum Tod von Mark Aurel im Jahr 180 gab es für Rom eine Hoch-Zeit. Man spricht auch von der **Glanzzeit des Römischen Reichs**, geprägt durch die Herrschaft einiger besonderer Kaiser. **Nerva** handelte sehr sozial und führte beispielsweise ein, dass die Eltern für jedes Kind eine Summe Geld erhielten (eine Art antikes Kindergeld also), für Jungen 100 Prozent der Summe, für Mädchen 75 %.

Auf Nerva folgten **Trajan, Hadrian, Antoninus Pius sowie Mark Aurel,** die sich alle am Wohl des Volkes orientierten. Sie gingen als **die „Fünf guten Kaiser"** in die römische Geschichte ein. Außer Nerva, der von den römischen Senatoren gewählt wurde, waren alle anderen keine natürlichen Nachfolger, sondern als Adoptivsöhne in die Familie geholt worden, und zwar mit der Absicht, sie zum Kaiser zu machen und eine gute Herrschaft zu sichern. Auch der zeitweilige Mit-Kaiser Mark Aurels, Lucius Verus, wird verschiedentlich mit zu den guten Kaisern gezählt.

Mit Commodus geht die positive Epoche zu Ende. Oft wird darüber gerätselt, warum Mark Aurel nicht ebenfalls zu der gängigen Methode gegriffen hatte, einen fähigen Mann zu adoptieren, um seine Nachfolge unter einem guten Stern zu sichern, und stattdessen die natürliche Erbfolge wieder bevorzugte. Man weiß, dass er sich während seiner Kampfhandlungen viele Gedanken um seine Kinder machte, zumal ja auch einige starben. Seine Tochter Lucilla und sein Sohn Commodus hatten immer eine besondere Position eingenommen. Die gemeinsamen Kämpfe mit Commodus hatten die Vater-Sohn-Beziehung wohl intensiviert.

Mark Aurel war zu seiner Zeit einer der mächtigsten Männer der Welt, vielleicht sogar der Herrscher mit dem größten Einfluss. Bis heute zählt er zu den Anführern eines der größten Reiche der Menschheitsgeschichte. Die Darstellungen in der Geschichtsschreibung attestierten ihm im Folgenden, dass er dieser Position würdig war, weil er

Weisheit und Tugendhaftigkeit als Kriterien seines Handelns ansah – die typischen Eigenschaften, die der Stoizismus bzw. die Praktische Philosophie forderten.

Mark Aurel fühlte sich von Kindheit und Jugend an durch seine Weltanschauung des Stoizismus gestärkt. Je mehr Kämpfe er zu überstehen hatte, desto intensiver führte er ein Tagebuch, dem er den Titel **„Meditationen"** (deutsch: „Selbstbetrachtungen") gab. Hier hielt er seine Gedanken fest, die philosophischer Natur waren und in vieler Hinsicht Praktische Philosophie beinhalteten, oft beeinflusst von Epiktet. Zum Beispiel hält er fest, dass für ihn „Philosophie seine Mutter und Politik seine Stiefmutter" bedeutet. Es ging ihm oft um Selbstbeherrschung, Pflichterfüllung für die Rolle, die ihm im Leben zugedacht war, und Respekt für andere. Ethische Fragen standen im Vordergrund, darunter persönliche Bescheidenheit als Gegenhaltung zur Gier, und Konzentration auf das Wesentliche. Alles darin war jedoch nur für ihn selbst gedacht, um die täglichen Strapazen zu bewältigen. Der Text gehört zu den beeindruckendsten Darstellungen ethischer Prinzipien und Praktischer Philosophie aus der Antike und erfreut sich heute noch vieler Leser.

Vieles schrieb Aurel im Heereslager. Er ist der einzige Herrscher der Weltgeschichte, der mitten im Kriegsgeschehen Texte über Tugendhaftigkeit, Weisheit und Tapferkeit schrieb. Außerdem ist er auch der einzige Kaiser, der als stoischer Philosoph auf den Thron gelangte. Seine Nachfolger achteten seine Gedanken nicht mehr. Umso mehr fanden sie Anklang bei späteren Schriftstellern und Politikern, darunter Robert **Louis Stevenson**, dem schottischen Erzähler von Reisegeschichten und Abenteuerromanen, und den **amerikanischen Präsidenten Theodore Roosevelt und Bill Clinton.**

Philosophie

Mark Aurel war in seiner Philosophie Anhänger einer realistischen Bescheidenheit. Er träumte nicht von einem perfekten Staat, und schon gar nicht von einem, den Philosophen regieren würden. In dieser Hinsicht setzte er sich klar von **Musonius** und **Platon** ab, die Philosophen als die idealen Staatslenker ansahen. Er verwies darauf, dass man auch kleine positive Entwicklungen würdigen soll, im politischen wie im sozialen Bereich. Von Jammern und Wehklagen hielt er gar nichts und sagte (sinngemäß): „Wenn du morgens aufwachst, dann mach dir klar: Ich werde es heute mit Leuten zu tun bekommen, die sich einmischen, und solchen, die undankbar, arrogant, unaufrichtig, eifersüchtig und griesgrämig sind. Sie sind so, weil sie Gut und Böse nicht unterscheiden können." Und „Eine Gurke hat einen bitteren Geschmack. Dann wirf sie weg. Du bemerkst Gestrüpp auf deinem Weg? Geh ihm aus dem Weg. Füge niemals hinzu: Warum gibt es Dinge wie diese auf der Welt?"

Niemand sollte sich darüber beschweren, dass er diese oder jene Gabe nicht mitbekommen habe. Man sollte sich immer vor Augen führen, dass man eine Menge zu geben hat, wenn man gute Eigenschaften lebt, vor allem **Ehrlichkeit, Durchhaltevermögen, Ernsthaftigkeit, Geduld, Großherzigkeit und Keuschheit.** Dazu hatte Mark Aurel offenbar eine andere Einstellung als seine Ehefrau. Allerdings schrieb er seine Gedanken, wie in der Antike üblich, so auf, dass sie sich automatisch an Männer richteten.

In seinen Aufzeichnungen sprach Mark Aurel sich zuweilen selbst Mut zu. So schrieb er (sinngemäß): „Wenn du Ermutigung brauchst, dann denke an die guten Eigenschaften, die die Menschen um dich herum zeigen. Da gibt es ihre Energie, ihre Bescheidenheit, ihre Großzügigkeit gegenüber anderen und vieles mehr. Nichts ist so ermutigend wie die Kenntnis der Tugenden, über die die Menschen in unserer Umgebung so offensichtlich verfügen." Andererseits soll man nicht meinen, man müsste ständig weise oder moralisch hochwertige Handlungen vollziehen. An vielen Tagen ist das weder möglich noch nötig.

Immer wieder verwies er darauf, dass man sich auf die aktuelle Situation konzentrieren soll, statt sich das Schlimmste, was passieren kann, auszumalen. Man soll sich die Lage, wie sie sich im Augenblick darstellt, ansehen und genau überlegen, was daran so schrecklich ist, dass man sie nicht ertragen kann. Das Ergebnis der Überlegung macht die Lage schon etwas weniger schlimm. Außerdem soll man sich klarmachen, dass weder die Vergangenheit noch die Zukunft Macht über eine Person haben. Allein die Gegenwart ist es, mit der man es zu tun hat und die es zu bewältigen gilt. So kann man vermeintliche Grenzen sprengen und das Leiden minimieren. Für die Fehleinschätzung, die Situation nicht ertragen zu können, sollte man sich schämen. An anderer Stelle sagt er, dass eine Situation entweder erträglich oder unerträglich ist. Ist sie erträglich, soll man aufhören zu lamentieren. Ist sie es nicht, soll man ebenfalls aufhören zu lamentieren, denn sie geht vorüber. Doch er zog in Erwägung, dass ein Mensch daran zerbrechen kann, woraus er folgerte, dass die Situation selbst dann auch vorbei ist. Dann gilt es, neue Kraft ebenso wie neue Maßstäbe zu finden.

Mark Aurel gab als Devise aus **„Ja, du kannst das"**. Man sollte sich nur einmal vorstellen, das, was man tut, wäre das Letzte, was man in seinem Leben noch leisten könnte. Denn man hat keine tausend Jahre zur Verfügung. Man soll aufhören, sein Leben ziellos zu leben und sich von Emotionen überwältigen zu lassen. Ebenso soll man nicht egoistisch und überkritisch sein und sich nicht leicht reizbar zeigen. Man soll nicht „leichtfertig in seinen Handlungen, konfus in seinen Worten und ungenau in seinen Überlegungen" sein. Wenn etwas nicht richtig ist, dann soll man es auch nicht tun, und wenn etwas nicht wahr ist, dann soll man es auch nicht sagen. Wenn eine Handlung (auch eine Äußerung) dagegen angemessen ist, dann soll man sie in die Tat umsetzen (bzw. sagen). In diesem Fall soll man sich von den Kommentaren oder der Kritik anderer Menschen nicht irritieren lassen. Wenn etwas richtig ist, dann ist es eben richtig. Er wies in diesem Zusammenhang auf Sokrates hin, der die Meinungen von vielen Menschen (gemeint: diejenigen, die die Sachlage nicht beurteilen können) „Schreckgespenste, um Kinder zu ängstigen" nannte.

Mark Aurel sprach seine Verwunderung darüber aus, dass Menschen sich selbst am meisten lieben und viel mehr als andere Menschen, sich aber trotzdem ständig darüber Gedanken machen, welche Meinung andere Leute haben. Wenn jemand einen verachtet, so meinte er, ist das sein Problem. Das eigene Problem ist es, nichts Verachtenswertes zu tun. Auch wenn man ein noch so ehrenhaftes Leben führt, wird es Menschen geben, die einen gern auf dem Totenbett sehen. Man würde übrigens viel Zeit sparen, wenn man sich nicht darauf konzentriert, was der Nachbar sagt, tut oder denkt. Viel besser wäre es, sich darauf zu konzentrieren, was man selbst tut.

Ohnehin sollte man seine Zeit nicht damit verschwenden, sich um das Tun und Denken anderer Menschen intensiv zu kümmern. Das wäre nur angebracht, wenn es sich um Belange des Gemeinwesens handelte. Um den sozialen Zusammenhang war Mark Aurel immer besorgt und bemüht. Jeder sollte etwas für seine Kommune tun, dann könnte er auch an ihren Zuwendungen beteiligt werden. Man soll sich nicht damit belasten, was dieser oder jener tut und warum, was die Leute sagen, was sie denken und womit sie sich beschäftigen. All das hält einen Menschen nur davon ab, sich auf sich selbst und sein Leben zu konzentrieren. Wenn dabei Hindernisse auftauchen, dann sind sie der Weg. „Was im Weg steht, wird zum Weg.“ Wenn es schwerfällt, morgens aus dem Bett aufzustehen, soll man sich klarmachen, dass es die Aufgabe eines Menschen ist, zur Arbeit zu gehen. Was gäbe es denn zu lamentieren, wenn man das tut, wofür man geboren ist, und das erledigt, was einem in der Welt zu tun aufgetragen ist? Oder wäre man etwa dafür geschaffen worden, unter der Bettdecke zu kauern und im warmen Bett zu bleiben?

Mark Aurel war der Überzeugung, dass innere Einstellung und Motivation jedem Menschen die Macht verleihen, sein Ziel zu verfolgen. Auch wenn man auf Hindernisse stößt, denn die interpretiert man als Anreize, um weiterhin konsequent zu handeln. Er beschreibt den inneren Antrieb als ein Feuer. Was noch eine kleine Lampe hätte auslöschen können, wird von diesem Feuer überwältigt, es brennt immer intensiver. Gleichzeitig soll man sich nicht scheuen, um Hilfe zu bitten und sie in Anspruch zu nehmen, vor allem, wenn man eine Pflicht zu erfüllen hat. Wird man auf dem Schlachtfeld verwundet, braucht man Kameraden, die einen herausholen. Dieses Beispiel ist insofern naheliegend, als Mark Aurel seine Meditationen inmitten von kriegerischen Auseinandersetzungen schrieb.

Mark Aurel hatte immer hohe ethische Ansprüche an menschliches Handeln. Was man jemand anderem antut, sagte er, tut man letztlich sich selbst an. Ist man jemand anderem gegenüber ungerecht, so ist man es letztlich sich selbst gegenüber. **Man soll nicht predigen, ein guter Mensch zu sein, man soll es vorleben.** Wollte man den

Wert eines Menschen erkennen, müsse man sich ansehen, womit er sich beschäftigt. Er vertrat die Auffassung, dass man für seine Gedanken verantwortlich ist. Man könne seine Gedanken kontrollieren und solle das zu respektieren wissen. Denn damit könne man falsche Wahrnehmungen vermeiden und im Einklang mit seiner eigenen menschlichen Natur bleiben.

Wie stark er von Epiktet beeinflusst war, zeigt seine Überzeugung, dass das subjektive Erleben eines Menschen im Wesentlichen von seiner Einstellung bestimmt wird. Sinngemäß meinte er: „Wenn es etwas im äußeren Geschehen gibt, das dir Leiden verursacht, dann mach dir klar, dass es nicht das Geschehen ist, das dich beunruhigt, sondern deine eigne Meinung dazu. Davon kannst du dich trennen, wenn du willst." Im Grunde hätten die Dinge keinen Einfluss auf die Seele. Die Seele handelt nach ihren eigenen Regeln, meinte er, sie interpretiert sie so, dass sie für sie passen, denn sie bestimmt sich selbst. Dazu haben äußere Dinge keinen Zugang. Der Mensch soll sich entscheiden, nicht verletzt zu werden, dann wird er sich nicht verletzt fühlen.

Wenn man spürt, dass jemand einen beleidigt oder sogar Hass entgegenbringt, soll man versuchen, in seine Seele zu schauen. Das offenbart, welche Art von Menschen er ist. Es wird sich zeigen, meinte Mark Aurel, dass man sich nicht der Anstrengung zu unterziehen braucht, einen solchen Menschen zu beeindrucken. Die beste Rache wäre ohnehin, sich mit ganz anderen Eigenschaften zu zeigen.

Damit meinte er nicht Überheblichkeit, sondern Gelassenheit.

Äußere Dinge wie ein Haus würden durchschnittliche Menschen anstreben, auch, um sich eines Tages dorthin zurückziehen zu können. Doch der eigentliche und wesentliche Rückzug wäre stets nicht in die äußere, sondern die persönliche innere Welt.

Mark Aurel verwies deutlich auf die Endlichkeit des Lebens, was auch für Ruhm und für berühmte Menschen gilt, wie er betonte. Das drückt er in einer Metapher (sinngemäß) aus: „Viele Stücke Weihrauch brennen auf demselben Altar. Das eine verbrennt sofort, das andere später. Aber das macht keinen Unterschied." Dass er sich der großen Verantwortung für seine Soldaten bewusst war, zeigt seine Einstellung (sinngemäß): „Sei wie ein Fels in der Brandung. Er bleibt unbeweglich stehen, und die tobende See um ihn herum wird schließlich ruhig."

Mark Aurel machte sich besondere Gedanken über die Jugend und das Alter. Er hielt Jugend nicht für einen begrenzten Zeitabschnitt, sondern für eine Geisteshaltung. In einem jugendlichen Geist kämen die Tatkraft und der Wille einer Person zum Ausdruck. Es handele sich um die Fähigkeiten der Vorstellungskraft und der emotionalen Intensität, wobei der Mut über die Zurückhaltung und die Risikobereitschaft über die Bequemlichkeit siegen würden. Älter zu werden würde bedeuten, ein Ideal aufgegeben zu haben. In diesem Sinne würde die Seele Falten bekommen, so wie die Haut. Zweifel, Befürchtungen, Ängste und Hoffnungslosigkeit wären die Feinde des Menschen, die ihn zu Boden ziehen würden, sodass er Staub ansetzt, bevor er stirbt.

Jung dagegen wäre jemand, der noch staunen und von Dingen fasziniert sein kann. Derjenige, der wie ein Kind, dessen Neugier kaum zu stillen ist, fragt: Was kommt denn jetzt? Derjenige, der den Schwierigkeiten trotzt und das Leben liebt. Man sei so jung wie sein Selbstvertrauen und seine Hoffnungen und so alt wie seine eigenen Zweifel und seine Niedergeschlagenheit. Man sei so lange jung, wie man aufnahmefähig bleibe, und zwar für alles Schöne und Großartige, für die Botschaften, die die Natur sendet, für die Menschen und die Unendlichkeit.

Wenn jemandes Herz von Pessimismus überschüttet oder von Zynismus zerrieben ist, dann, so schließt Mark Aurel seine Ausführungen, möge Gott Erbarmen mit dieser alten Seele haben.

So wie Epiktet hielt er für die großen, aber notwendigen Anforderungen des Lebens:

- ⊕ Sich selbst kontrollieren können

- ⊕ Sich von negativen Emotionen nicht erdrücken lassen

⊕ Seine Ziele herausfinden und verfolgen

⊕ Seine Gedanken klar herausarbeiten und sie reflektieren

⊕ Über seine Gefühle die Kontrolle gewinnen

⊕ Inneren Frieden finden

VI. Niccolo Machiavelli

(1469 – 1527)

1. Leben und Lehre

Machiavelli wurde als Politiker, Historiker und Philosoph bekannt. Viele betrachten ihn als den **Vater der Politikwissenschaft**. Seine Schrift **„Der Fürst"** gilt als Anleitung für führende Persönlichkeiten. Sie soll ihnen erklären, wie sie sich möglichst effektiv verhalten. Es geht darum, wie man Macht erwirbt und wie man sie erhält. Der Text ist zu einem Klassiker geworden und gilt als politische Philosophie. Diese Vorstellung kann man erweitern und ihn in Teilen auch als Praktische Philosophie für Menschen verstehen, die eine leitende Funktion haben, in welcher Konstellation auch immer, selbst als Ton angebendes Mitglied in einer Gruppe.

Machiavelli stellte sich bei seiner Schrift ein Staatsoberhaupt vor, das den Staat aufrechterhalten und den sozialen Zusammenhalt gewährleisten muss. Dazu waren ihm mehr Mittel recht, als es der damaligen Moralphilosophie lieb war, denn **er trennte politische von moralischen Handlungen, sodass der Staat (bzw. der Fürst als** sein Repräsentant) sich nicht mehr darum zu kümmern brauchte, ob eine Handlung als gut oder böse galt. Damit setzte er sich in elementaren Widerspruch zu den Stoikern, denen es immer wichtig war, Gutes zu tun, erst recht an der Spitze eines Gemeinwesens. Für Machiavelli war es den Staat zu erhalten, das stand an erster Stelle. Dazu machte er unumstößliche Gesetze geltend, vor allem, dass man nicht töten darf (jedenfalls nicht aus Mordlust) und das Eigentum jedes Staatsangehörigen unangetastet lassen muss.

Jeder kann dem Text heutzutage das entnehmen, was er für richtig hält. Nicht nur im politischen Bereich, auch in Leitungsfunktionen von Wirtschaft und Gesellschaft ist der Text legendär. Viele Menschen würden sich dem gesamten Gedankengut, das als rigide und teilweise skrupellos gilt, nicht anschließen, entnehmen aber einzelne Ratschläge für ihren Kontext. Wie verhält man sich in einer Hierarchie, wenn man an der Spitze steht? Von Machiavelli politisch für seine Zeit gemeint, bietet der Text heute vielen Menschen Ratschläge für ihr eigenes Verhalten an, in welchem sozialen Zusammenhang sie sich auch befinden mögen. Jeder kann seine individuelle Interpretation wählen. Manches kann man für einzelne Situationen anwenden, unabhängig von der eigenen sozialen Stellung oder Rolle. Als Beispiel gilt die Einstellung Machiavellis, dass man nicht alles voraussehen kann, was das Schicksal bereithält, und manchmal auch einfach nur Glück hat. Doch für das, was nicht schicksalhaft geschieht, kann man die volle Verantwortung übernehmen, und das soll man zu seinem eigenen Besten tun. Ein Fürst soll nicht versuchen, jedes Detail im Einzelnen zu berechnen, sondern sich bewusst sein, dass er Fehler machen kann. In diesem Fall soll er mutig und kraftvoll handeln. In dem Punkt der Verantwortlichkeit für das, was man aktiv tut, trifft Machiavelli sich im Übrigen wieder mit den Stoikern. Manche Menschen finden die Gedanken Machiavellis einfach deshalb interessant, weil sie eine politische Praktische Philosophie in ihnen sehen, die sie mit eigenen Beobachtungen und Interpretationen vergleichen können. Sie stellen sich die Frage, ob es heute mächtige Menschen gibt, die sich gemäß seinen Ratschlägen verhalten.

Machiavelli wurde 1469 in Florenz als ältestes von vier Kindern geboren. Die Familie konnte noch ein gewisses Ansehen genießen, verfügte aber nicht mehr über den Wohlstand vorangegangener Generationen. Seine Mutter galt als gebildet. Sein Vater brachte die Familie mit seinen Tätigkeiten als wenig angeforderter Anwalt kaum über die Runden. Der Sohn Nicolo erhielt jedoch Zugang zu Büchern und Bildung. Er studierte u. a. Grammatik, Rhetorik und Latein. Im Alter von 29 Jahren wurde Machiavelli **Staatssekretär der Republik Florenz**. Ihm oblag die **Verteidigungspolitik**, aber auch große Teile der Außenpolitik deckte er ab. Im Jahr 1512 musste er den Angriff der Medici auf Florenz, die ihre Macht verloren hatten und aus dem Gebiet vertrieben worden waren, abwehren. Das gelang ihm nicht, die Medici kehrten zurück und übernahmen erneut die Herrschaft. Personen, die während ihrer Abwesenheit dem Herrschafts- und Regierungsapparat angehört hatten, bekamen ihre Rache zu spüren. **Machiavelli kam ins Gefängnis und erlitt Folterungen.** Er hatte sich nie an Verschwörungen gegen die Medici beteiligt, die zu deren Fall geführt hatten, stand aber auf der Liste der Verdächtigen. Man ließ ihn nach einigen Wochen wieder frei und entband ihn von seinen Ämtern.

Machiavelli zog sich nun auf seinen Familiensitz zurück und widmete sich dem Schreiben zahlreicher Texte historischer, literarischer und politischer Natur, worunter „Der Fürst" als sein Meisterwerk gilt. Gleichzeitig las er nach wie vor viel. Ein Faible für das geschriebene Wort, bei dessen Lektüre er sich erholte, hatte er schon lange. Was er beim Lesen empfand, teilte er einmal einem Freund brieflich mit, in dem er u. a. (sinngemäß) schrieb: „Wenn der Abend anbricht, begebe ich mich nach Hause und gehe in mein Studierzimmer. Ich betrete die antike Welt mit ihren antiken Menschen, die mich mit offenen Armen empfangen. Es ist mir nicht peinlich, mit den antiken Menschen zu sprechen und sie nach den Gründen für ihr Handeln zu fragen; und in ihrer Menschenfreundlichkeit geben sie mir Auskunft. Einige Stunden beschäftige ich mich mit ihnen, ohne gelangweilt zu sein, und ich vergesse dabei alle Sorgen. Ich fürchte mich in dieser Zeit weder vor Armut noch vor dem Tod. Ich gebe mich ganz der Lektüre und den Menschen der Antike hin. Lesen ist die beste Methode, um

Einsichten und Verständnis zu erwerben. Es ist der beste Weg, um zu erkennen, wie die Welt wirklich funktioniert. Deshalb lese ich jedes Jahr Hunderte von Büchern.“

2. Philosophie

Machiavelli analysierte die Machtverhältnisse seit ihren Anfängen. Sinngemäß kam er zu den folgenden Schlüssen. Am Anfang des menschlichen Lebens gab es nur wenige Menschen, die zerstreut lebten. Als sie sich vermehrt hatten, schlossen sie sich zum Zweck des besseren Schutzes zusammen. Nun stellte man Unterschiede in ihrer Kraft und Stärke fest. Man überlegte sich, Anführer (Fürsten) auszuwählen. In den meisten Fällen entschied man sich für die tapfersten und fairsten. Doch dann wurden sie nicht mehr gewählt, sondern die Söhne der Anführer wurden allein aufgrund ihrer Abstammung zu Anführern. Die leiblichen Nachkommen entfernten sich von den Prinzipien ihrer Vorfahren und begannen ein Leben im Luxus. Das erzeugte Hass und es entstanden Verschwörungen gegen die Regierung. Ein Großteil der Menschen begehrte gegen den Fürsten und seinen Herrschaftsapparat auf. So löste eine Regierung, die dem Gemeinwohl diente und gemeinsame Interessen berücksichtigte, das Fürstentum ab. Doch als die Herrschaft wiederum auf die Söhne der Herrschenden überging, erlitten die Anführer das gleiche Schicksal wie der entmachtete Fürst. Es kam zu einer Volksregierung. In dieser Situation konnte sich weder der Fürst mit den verbliebenen Anhängern noch die Männer an der Regierung genügend Respekt und Autorität verschaffen. Bald lebte jeder nach seiner eigenen Vorstellung, und es gab täglich Tausende von Verstößen gegen allgemeine Regeln. Um die öffentliche Ordnung wiederherzustellen, griff man auf die Herrschaft eines Fürsten zurück, und das ganze Spiel begann von vorn.

Machiavelli sah es nun an der Zeit, Fürsten mit effektiven Ratschlägen zu erfolgreicherem Regieren zu verhelfen. So entstand seine Praktische Philosophie für Menschen in Machtpositionen, damals gedacht mit einer politischen Ausgangsbasis. Er hob auf den Charakter und die Persönlichkeit eines Fürsten ab, der für die notwendigen Handlungen gewappnet sein sollte. Denn es gäbe keine Garantie dafür, dass die Menschen Gefolgschaft leisten. Der Fürst müsste, um sich seinen Erfolg zu sichern und in der Öffentlichkeit nicht zu versagen, genau wissen, wann und wie er Dinge tun müsste, die man von einem guten Menschen nicht erwartet.

Hier zeigt sich die **Diskrepanz zu den Stoikern**, die immer hochhielten, dass jeder Mensch Gutes tun soll, unabhängig von seiner sozialen Stellung und an höchster Stelle erst recht. Machiavelli hatte beobachtet, dass Staatsmänner nach der Devise handeln, dass der Zweck die Mittel heiligt. Diese These und die Frage, ob sie moralisch vertretbar ist, wird bis heute in vielen Zusammenhängen immer wieder diskutiert.

Machiavelli betonte durchaus, dass ein Fürst immer das Gute anstreben und durchsetzen soll, solange es möglich ist. Aber wenn sich Notwendigkeiten ergeben, in denen er sich darüber hinwegsetzen muss, so soll er das tun. Um zu überleben, muss er wissen, ob und wie er etwas moralisch Falsches zu tun hat, sobald es erforderlich wird. Wer sich als Fürst immer nur tugendhaft verhalten will, wird schnell vernichtet. Das ist so lange der Fall, wie es das Böse in der Welt gibt.

Machiavelli ging davon aus, dass ein Fürst im öffentlichen Leben bestehen muss. Ob er vom Volk verehrt und anerkannt wird oder nicht, das ist für einen Anführer das Entscheidende. Er soll sich deshalb einen guten Ruf aufbauen. Die Untertanen müssen das Gefühl haben, dass er großzügig ist und gerecht mit dem zur Verfügung stehenden Geld umgeht. Die Soldaten des Heeres, sollen alle glauben, werden dagegen sehr streng behandelt. Wenn es jedoch um die Frage geht, ob ein Fürst geliebt oder gefürchtet werden sollte, dann sollte ihm klar sein, dass er beides zusammen nur schwer erreichen kann und es weit sicherer für ihn ist, wenn er gefürchtet wird.

Machiavelli war Realist genug, um zu wissen, dass ein Staat ein so komplexes Konstrukt ist, dass ein Einzelner nicht den Überblick behalten kann. Der Fürst braucht also

gute Berater und muss „praktische Fähigkeiten" beweisen, um die richtigen Leute auszusuchen, nämlich kompetente Begleiter (heute würde man sagen: Fachleute), die
ehrliche und uneigennützige Ratschläge erteilen und an
das staatliche Gemeinwohl statt an Eigeninteressen denken. Dafür entlohnt der Fürst sie mit Wohlstand, Ehre und
Macht, was sie wiederum an ihn bindet. Nur unfähige
Fürsten umgeben sich mit inkompetenten Schmeichlern.
Also zeigt sich schon in der Auswahl der richtigen Leute
eine wesentliche Fähigkeit des Fürsten.

Der Fürst sollte **„weise Männer"** in die Regierung holen,
denen es ausdrücklich erlaubt ist, die Wahrheit zu sagen.
Aber auch nur diesen! Die Wahrheit zu wissen, sei nämlich
eine wesentliche Voraussetzung zum Regieren. Aber es
dürfe nicht eintreten, dass der Überbringer einer schlechten Botschaft zu Unrecht bestraft wird, wie es in der Antike häufig der Fall war. Der Fürst sollte jeden der weisen
Männer ermutigen, sich klar und deutlich auszudrücken,
und klarstellen, dass die ganze Wahrheit erwünscht ist. Sie
sollten jedoch andererseits auch nur auf die Fragen antworten, die er stellt, und auch nur reden, wenn der Fürst
sie fragt. Sollte ans Licht kommen, dass jemand nicht die
Wahrheit gesagt hat, so könnte er sich der Wut des Fürsten gewiss sein. Wäre einmal eine Entscheidung gefällt,
sollte der Fürst sie sofort in die Tat umsetzen und gradlinig
verfolgen.

Der Fürst sollte sich mit Personal umgeben, das an den
Staatsführer und den Staat denkt und nicht an sich selbst.

Jemand, der seine eigenen Interessen in den Vordergrund stellt und nur seinen Profit sucht, wäre niemals ein guter Staatsdiener. Andererseits müsste er ehrenvoll und freundlich behandelt werden und auch zu Wohlstand kommen. Dazu würde dienen, dass jeder Mitarbeiter weiß, dass er allein nichts ausrichten kann, sodass er nicht mehr begehrt, als er in seiner individuellen Stellung hat. Der Fürst und der Mitarbeiterstab müssten sich gegenseitig trauen können, sonst würde es für einen von beiden ein trauriges Ende nehmen.

Machiavelli setzte sich mit der Frage auseinander, **ob das Leben nur vom Schicksal bestimmt wird.** Viele Menschen wären immer noch der Ansicht, meinte er, dass das, was in der Welt geschieht, von Gott oder dem Schicksal bestimmt sei und dass Menschen mit ihrem Verstand (bzw. mit ihrer Weisheit) nichts dagegen ausrichten könnten. Deshalb würden sie nichts unternehmen, sondern die Dinge laufen lassen. Doch er selbst hielt am Glauben an den freien Willen fest. Deshalb kam er zu dem Schluss, dass „die Hälfte unserer Handlungen vom Schicksal bestimmt ist". Dann bleibt allerdings noch die andere Hälfte (oder ein kleines bisschen weniger, schränkte er ein), und die kann man selbst bestimmen. In diesem Zusammenhang verglich er das Schicksal mit einem Fluss, der sich in reißendes Wasser verwandeln und viel Unheil anrichten kann. Aber auch wenn es sich um die Kraft der Natur handelt, können die Menschen sich schützen und z. B. Dämme errichten. So treffen sie für die kommende Zeit Vorsorge.

Für schicksalhafte Ereignisse sieht er das genauso. Die Erfahrung befähigt den Menschen, sich zu wappnen.

Weiter wies Machiavelli darauf hin, wie wichtig es ist, für Änderungen offen zu sein. Wenn ein Anführer mit Umsicht und Geduld handelt, so meinte er, wäre seine Regierung auch erfolgreich. Wenn aber die Zeiten sich ändern und neue Dinge auftreten, dann wäre er ruiniert, wenn er sich der neuen Situation nicht mit seinen Handlungen anpassen würde. Wenn es nötig wird, soll man nicht mehr vorsichtig, sondern mutig handeln. Er führt als Beispiel erfolgreiche Menschen an, die er miteinander vergleicht. Der eine verdankt seinen Erfolg seinem vorsichtigen, der andere seinem unerschrockenen Vorgehen; der eine ist geduldig, der andere nicht. Dass beide Ruhm und Reichtum erzielen, führt er darauf zurück, dass sie ihre Methode den jeweiligen Erfordernissen ihrer Zeit angepasst haben. Mal muss man zurückhaltend bleiben, mal muss man ein Risiko eingehen. Unterschiedliches Handeln, seine Schlussfolgerung, kann also in unterschiedlichen Lagen zum gewünschten Ziel führen. Ebenso kann es sein, dass in der gleichen Lage der eine Mensch sein Ziel erreicht, weil er die Gegebenheiten richtig analysiert und sich in seiner Vorgehensweise anpasst, der andere dagegen bei seiner gewohnten Methode (bzw. seinem Verhalten, wie man heute ergänzen würde) bleibt und deshalb nichts erreicht.

Machiavelli beschrieb die **Schwierigkeiten, die eine Regierung bekommen kann, wenn sie Neues einführt.** Jede Regierung hätte ohnehin schon die Schwierigkeit, dass sie niemals darauf vertrauen könnte, ihre Vorhaben immer konsequent durchzuführen. Vielmehr kann sie auch normale Probleme kaum lösen, ohne eine Reihe von Menschen zu verärgern. Die kluge Regierung muss nun unterscheiden können, welcher Ärger in Kauf zu nehmen ist, wenn sie eine Entscheidung trifft. Oft geht es nur darum, das kleinere Übel zu wählen. Vor allem aber die Einführung von Neuerungen ist für die Regierung schwierig. Denn jeder, der eine Innovation durchsetzt, hat diejenigen zum Feind, die bislang mit der alten Vorgehensweise gut zurechtkamen, während es für die neue naturgemäß noch nicht viele Unterstützer gibt. Zudem lassen die Opponenten keine Gelegenheit aus, die Neuerung mit großer Energie zu attackieren, und viele Menschen verschließen sich Dingen, mit denen keine längeren Erfahrungen vorliegen. Die Anhänger des Neuen setzen sich aber noch nicht hinreichend intensiv ein, und so hat der Fürst (und die Regierung) in solchen Situationen durchaus einige Befürchtungen.

Machiavelli führte aus, dass seiner Ansicht nach weder einzelne Menschen noch unterworfene Völker Verletzungen vergessen. Wenn ein Fürst glaubt, dass seine Zuwendungen an eine Person, die er in eine verantwortungsvolle Position gebracht hat, dazu führt, dass dieser Mensch nun alte Verletzungen vergisst, so irrt er sich. Gleichermaßen würden Menschen in eroberten Gebieten immer wieder versuchen, eine Rebellion herbeizuführen. Man müsste sie deshalb besser in zersplitterten Gebieten ansiedeln.

Auch dass ein Mensch einem anderen zu Macht oder in eine hohe Position verhilft, hielt er für fatal. Denn dazu müsste man eine gewisse Schläue oder sogar Zwang anwenden, und beides würde letztlich zu Misstrauen bei demjenigen führen, der aufgrund der persönlichen Beziehung in eine machtvolle Stellung gekommen ist. Das macht sie wiederum gefährlich. Die meisten Menschen wären allerdings zufrieden, solange sie ihren Besitz (ihr Anwesen) hätten und geachtet würden. Glücklicherweise würden nur wenige mit besonderem Ehrgeiz hervorstechen, und die könnte ein Fürst relativ leicht unter Kontrolle halten.

Machiavelli drückte aus, dass ein Fürst kriegerische Auseinandersetzungen nicht von sich aus anstreben sollte, dass es aber manchmal nicht zu vermeiden wäre. Er unterschied zwei Arten von Kämpfen, nämlich den mit Gesetzen und den mit Zwang und Gewalt. Der korrekte Mensch regiert mit den Gesetzen, „die Bestie" dagegen mit Gewalt. Ein Fürst wäre zuweilen gezwungen, sich mit der Bestie auseinanderzusetzen, und müsste sie zu handhaben wissen. Beide Kämpfertypen müsste er gut kennen und zuweilen auch den Standpunkt der Bestie einnehmen. Für den Umgang mit der Bestie sollte er sich die Löwen und die Füchse zum Vorbild nehmen, denn ein Löwe kann sich nicht selbst aus einer Falle befreien und ein Fuchs kann sich nicht vor Wölfen verteidigen. Also müsste man ein Fuchs sein können, um Fallen zu erkennen, und ein Löwe, um Wölfe das Fürchten zu lehren. Bei dieser tierischen

Metapher sah Machiavelli den Löwen als den Heeresführer und den Fuchs als den politischen Anführer. Der Fürst vereint beide Kompetenzen in sich.

Machiavelli empfahl, Lektüre über große Persönlichkeiten der Vergangenheit zu studieren. Ein Fürst sollte wissen, wie sie sich verteidigt haben (vor allem im Krieg). So könnte er lernen, wie man siegt und Niederlagen vermeidet. Er wies darauf hin, dass ein Fürst sich ein Vorbild nehmen sollte – ein Ratschlag, der sich auch in der modernen Praktischen Philosophie findet, allerdings für jeden Menschen.

In Bezug auf **Kontakt mit den Untergebenen** sagte Machiavelli, dass ein Fürst sich in jedem der einzelnen Gebiete seines Reichs zeigen sollte. Er sollte jede Gruppe respektieren und sich mit ihr verbunden zeigen. Sein gutes Verhalten und seine Großzügigkeit sollten den Menschen immer beispielhaft vor Augen stehen, ohne dass sie vergessen, dass der Fürst den höchsten Rang innehat. Falls bestimmte Vorgänge viele Menschen beunruhigen, dann gibt der Fürst deren Handhabung in die Hände anderer Regierungsmitglieder. Persönlich managt er nur die Dinge, die beim Volk gut ankommen und viele Menschen glücklich machen.

Über die **Natur des Menschen** schrieb Machiavelli, dass sie sehr wandelbar ist. Während es leicht wäre, Menschen von etwas zu überzeugen, wäre es viel schwieriger zu erreichen, dass sie diese Überzeugung beibehalten. Grundsätzlich sieht er in den meisten Menschen eine einfache Natur, denn sie orientieren sich an ihren Grundbedürfnissen. Wenn jemand Menschen betrügen will, dann findet er immer Opfer. Im Übrigen würde man andere viel zu sehr nach dem Äußeren und nicht nach dem Kontakt mit ihnen beurteilen. Als Grund nannte er, dass man die anderen zwar sieht, aber naturgemäß viel weniger mit ihnen im näheren Kontakt kommt. Man sieht, was jemand zu sein scheint, aber nicht, was er wirklich ist. Und wenn dann noch viele Menschen einen bestimmten Standpunkt zu jemandem einnehmen, traut sich der Rest nicht mehr, eine andere Meinung zu äußern. Er vertrat die Ansicht, dass Handlungen und vor allem die Resultate den Ausschlag bei Beurteilungen geben, insbesondere bei Fürsten (bzw. der Regierung).

Was den **Charakter** betrifft, sollte der Fürst nach außen immer den Eindruck erwecken, er hätte nur gute Eigenschaften wie Barmherzigkeit, Freundlichkeit, Religiosität, Aufrichtigkeit und andere. In Wirklichkeit müsste er sie gar nicht alle haben, und sie alle wirklich zu haben, wäre eher gefährlich für ihn. Er müsste jederzeit das Gegenteil der guten Eigenschaften an den Tag legen können, wenn es nötig ist. Hier zeigt sich wiederum die große Diskrepanz zu den antiken Stoikern, die diese These nie aufgestellt und eher als Aufforderung zur Täuschung verstanden hätten. Gleichzeitig vertrat Machiavelli, dass ein Fürst in einem neuen Staat (nach Eroberungen, Annexionen, Eingliederungen u. Ä.) immer zunächst Härte zeigen müsste, denn in den neuen Gebieten würden viele Gefahren lauern. Und das, obwohl er grundsätzlich einen Ruf als freundlicher und nicht als grausamer Herrscher anstreben sollte. Im Übrigen wären die fundamentalen Grundlagen jedes Staates sowohl gute Gesetze wie auch gute Waffen.

Ein Fürst sollte niemals Furcht zeigen. Er sollte lange überlegen, bevor er etwas als die Wahrheit annähme. Seine Handlungen sollte er nicht überstürzen. Er müsste mit ruhiger Hand vorgehen und Sorge um andere zeigen. So würde es zum einen nicht dazu kommen, dass er aufgrund von zu viel Vertrauen unvorsichtig wird, und zum anderen muss er nicht wegen zu viel Misstrauen ständig auf der Hut sein.

Die wesentlichen politischen Prinzipien Machiavellis sind, dass der Fürst trotz moralischer Integrität die Kriegskunst, die auch List einschließt, zu beherrschen hat. Frieden kann nach seiner Ansicht nur mit militärischer Ausrüstung erhalten werden. Der Anführer der Regierung muss einbeziehen, dass das Schicksal unberechenbar bleibt, doch er muss jederzeit handlungsbereit sein. Auf seine Untergebenen und seine Soldaten muss er sich verlassen können. Er sollte nach außen stets den Anschein erwecken, fair zu sein, auch wenn er in einer Lage, die es erfordert, grausam handeln muss. Insofern vertrat er, dass man politisch unmoralisch handeln darf, wenn es nicht anders möglich ist.

Für Machiavelli stellt sich die Welt als bedrohlich dar. Deshalb hält er es für besser, anzugreifen, als abzuwarten, bis man angegriffen wird. Das bezieht er vor allem auf das Verhältnis zu den umliegenden Staaten (aber auch die umherziehenden Volksstämme, die in der Antike den Griechen und Römern immer wieder zu schaffen machten). Von den Männern (die er im Prinzip ohnehin ausschließlich meint) erwartet er, dass sie sich dem Staat als engagierte Soldaten zur Verfügung stellen.

VII. Immanuel Kant
(1724 – 1804)

Der deutsche Philosoph Kant hatte große Bedeutung für die Entwicklung der westlichen Philosophie. Ein Teil seiner Vorstellungen entsprach auch Praktischer Philosophie, weil sie sich auf konkretes menschliches Handeln bezog. Im Zentrum seiner Überlegungen stand moralisch korrektes Verhalten.

Nach seiner Überzeugung **kann ein Mensch gar nicht moralisch handeln, wenn ihm keine Alternative zur Verfügung steht.** Hier unterscheidet er sich grundlegend von den Stoikern, die für jeden Menschen eine Alternative sehen, weil sie seine Einstellung zur gegebenen Situation zum Kriterium machen. Hätte Viktor Frankl im Konzentrationslager nur seine äußere Zwangslage gesehen, so hätte er nicht moralisch handeln können. Er schrieb der Situation aber einen Sinn zu und versetzte sich selbst damit in die Lage, wählen zu können. Insofern konnte er moralisch handeln und mit dieser moralischen Einstellung später viel für andere Menschen tun. Er sah immer noch eine Möglichkeit zu einer freien Entscheidung, darin lag seine Stärke.

Kant ging davon aus, dass jeder Mensch mit einem Bewusstsein ausgestattet ist, das es ihm ermöglicht, Moral zu erkennen. Für ihn ist Moral die natürliche Autorität, der sich ein Mensch fügen soll. Er sah den Ursprung der Moral in der Freiheit des Menschen, nämlich in dem freien Willen, sich für etwas zu entscheiden, was seiner Ansicht nach in einer Zwangslage nicht mehr möglich ist.

Kant wollte **eine für alle Menschen gültige These** finden, aus der man Moral ableiten kann. Sie sollte aber unabhängig von Erfahrungswerten und erst recht von individuellen Weltanschauungen oder gar Wunschvorstellungen sein. Sie sollte nur der reinen Logik und Vernunft entspringen. Insofern blieb er auch allgemein und legte sich nicht genau fest, welche konkreten Handlungen denn im moralischen Sinne gut sind. Seine Theorie hat nur wenige Beispiele. Doch seine Forderungen beziehen sich auf das Handeln jedes einzelnen Menschen, insofern sind sie auch Praktische Philosophie.

Kant kam es darauf an, das Handeln unter einen Leitsatz, eine Maxime, zu stellen. Sie ging als **„Kategorischer Imperativ"** in die Philosophiegeschichte ein und besagt, dass die Maxime eines Menschen sich daran orientieren soll, ob sie als allgemeingültiges Gesetz für alle gültig werden könnte. Hier wird schon deutlich, dass das nur mit friedvollen Prinzipien funktioniert. Wenn man beispielsweise beschließt, seinen Lebensunterhalt mit Einbrüchen zu bestreiten, so müsste die Maxime lauten: Immer, wenn jemand etwas für das Bestreiten seines Lebensunterhalts benötigt, besorgt er sich die Mittel durch Einbrüche. Genauer: Es ist erlaubt, dass man seinen Lebensunterhalt mit Einbrüchen bestreitet. Besonders deutlich wird die Tatsache, dass das unmöglich eine allgemeingültige These sein kann, dadurch, dass man sie für die eigene Situation annimmt. Man müsste nämlich akzeptieren, dass jemand bei einem selbst Einbrüche verübt, um seinen Lebensunterhalt zu sichern.

Kant unterstellte den Menschen, dass sie vernunftbegabt sind und Gutes tun wollen. Da dem aber oft Gefühle oder Bedürfnisse im Wege stehen, muss es eine Maxime geben, die jeder sich vor Augen führen sollte, bevor er etwas in die Tat umsetzt. Wenn sie jederzeit als Gesetz für alle Menschen gelten könnte, ist sie moralisch vertretbar. Beispielsweise kann man beschließen, einen Bedürftigen zu unterstützen. Wenn das jeder täte, wäre das in Ordnung. Doch man darf auch seinen Geschäften nachgehen. Wenn ein Händler an jedem Handelspartner einen Betrag verdient, ist das auch in Ordnung. Wenn er jedoch diesen oder jenen übervorteilt oder betrügt, kann man daraus nicht ableiten, dass das als allgemeines Handlungskonzept gut wäre. Kant setzte darauf, dass die Menschen nach Vernunft und nicht nach Egoismus handeln können.

Wenn Kant im Zusammenhang des Kategorischen Imperativs von allgemeingültigen Gesetzen sprach, so meinte er damit nicht die juristischen Gesetze des Staates, sondern die Gesetze der Moral. Darunter verstand er allgemeingültige menschliche Prinzipien für Handlungen. Er meinte nicht die vorherrschende christliche Moralethik, die im Wesentlichen Sexualmoral bedeutete und klare Vorstellung von den Geschlechterrollen hatte. Davon setzte er sich sogar ab.

In einem anderen Zusammenhang wies er darauf hin, dass politisch nur ein Rechtsstaat mit einem Gesetzeswerk die richtige Staatsform darstellt, weil er die Rechte der Menschen sichert. Die Haltung Machiavellis, sich in einzelnen politischen Situationen unmoralisch verhalten zu dürfen, lehnte er ab. Die Philosophie Kants aus der Epoche der „Aufklärung" (das ist die ca. 1700 beginnende Vorstellung, dass der Mensch mit seinem Verstand den Fortschritt bestimmen kann und Hindernisse durch seine Vernunftbegabung überwindet) nimmt bis heute einen zentralen Stellenwert in der Philosophiegeschichte ein.

VIII. Praktische Philosophie heute

1. Rückgriff auf die Antike

Die wesentlichen Thesen der Praktischen Philosophie wurden **in der Antike** aufgestellt. **Allen liegt zugrunde, moralisch zu handeln, also Gutes zu tun und Böses zu vermeiden.** Gleichzeitig geht es darum, unter diesen Bedingungen zu **einem glücklichen Leben** zu finden. Um diese Grundsätze geht es heute noch, doch die Diskussion ist vielschichtiger geworden. Heute hinterfragt man stärker, was denn überhaupt gut oder böse ist. In Unterrichtsmaterialien fängt man oft mit der Frage an, warum moralisches Handeln überhaupt eine Richtlinie sein sollte.

Es gibt zahlreiche Ansätze in der Praktischen Philosophie, wie sie heute gelehrt, verbreitet und empfohlen wird. Sie beinhalten moralische Aspekte und wollen auf den Pfad persönlicher Integrität und Authentizität führen. Vieles in der Praktischen Philosophie besteht darin, die richtigen Fragen zu stellen, ganz in der Manier Sokrates'. Jeder findet dann seinen eigenen Lösungsansatz. Es gibt aber auch

Thesen der Praktischen Philosophie, die zu speziellen Änderungen im täglichen Leben anregen, um sich in der Komplexität der globalen Welt besser zu orientieren und kraftvoller entscheiden zu können. Deshalb muss niemand seinen gesamten Lebenswandel ändern. Doch die Leitlinien führen zum Reflektieren von oft praktizierten Verhaltensweisen, die das Leben komplizierter oder beunruhigender machen.

Hier wird eine kleine Palette von Richtlinien vorgestellt, wie jeder sie in sein Leben integrieren kann, wenn er möchte. Es handelt sich nicht um unumstößliche Regeln, die den Anspruch auf Wahrheit erheben, sondern um Hilfestellungen im Denken und Handeln, die das Leben hier und da leichter machen können.

2. Rechthaberei aufgeben und intelligent handeln

Jeder kennt den Spruch „Du hast Recht und ich habe Ruhe". Er gilt als Resignation, wenn man mit Argumenten nicht weiterkommt. Coaches verweisen gern darauf, dass er ein Zeichen von Aufgeben in einer Konfliktsituation ist. Doch es gibt auch den Gesichtspunkt der Praktischen Philosophie. Es ist nämlich oft besser, intelligent zu handeln, als auf Recht haben – oder gehabt zu haben – zu bestehen.

Nehmen wir an, jemand macht einen Fehler, den man vorausgesehen oder auf dessen Möglichkeit man sogar im Vorhinein aufmerksam gemacht hat. Den Schwerpunkt auf Recht haben zu legen bedeutet, nach Auftreten des Fehlers direkt und möglicherweise vorwurfsvoll auf diese Tatsache hinzuweisen. Die so angesprochene Person wird sich demotiviert fühlen. Je nach Charakter reagiert sie eher ärgerlich oder eher verschämt.

Clever zu reagieren bedeutet, den Drang nach Rechthaberei zu überwinden und langfristiger zu denken und zu handeln. Der Person wird also nichts vorgeworfen. Man überlegt vielmehr mit ihr zusammen, wie man den Fehler ausbügeln kann. Eine Lösung dafür ist die beste Voraussetzung, dass sie den Fehler akzeptiert und ihn das nächste Mal vermeidet. Solche Verhaltensweisen sind sowohl im pädagogischen Bereich wie auch in einer hierarchischen Struktur im Berufsleben sinnvoll. Auch zwischen gleichberechtigten Menschen, etwa in einem Verein, ist es besser, wenn man bei anderen Meinungen nicht in den Fokus stellt, wer Recht haben könnte. Vielmehr sollten immer sachliche Hinweise im Vordergrund stehen.

Intelligentes Handeln anstelle von Rechthaberei setzt voraus, einem spontanen Impuls nicht zu folgen, sondern einen Moment innezuhalten und alle maßgeblichen Faktoren einzubeziehen. Man überlegt, was der beste nächste Schritt ist, um andere bestmöglich einzubeziehen. So behält man das gemeinsame Ziel im Auge. Auch wenn man genau weiß, dass man im Recht ist, muss man das nicht äußern. Recht zu haben ist kein moralisch wertvolles Kriterium. Es verbessert in keiner Weise das Zusammenleben und -arbeiten. Seine Haltung vorzubringen und andere Ansichten gelten zu lassen fördert dagegen eine Gemeinschaft. In einer höhergestellten Position sollte man nicht den Eindruck vermitteln, Entscheidungen deshalb zu treffen, weil man allein aufgrund der Hierarchie schon Recht hat. Es sollte immer um ein nachvollziehbares Ziel gehen.

Verzichtet man auf Rechthaberei, kann man Menschen weit besser überzeugen. Man hat ja selbst überlegt, welche Handlung die beste in einer gegebenen Situation ist, und nicht, wie man den anderen mundtot machen kann. Äußerungen wie „Du wirst schon sehen" sind nicht zielführend, zumal ohnehin keiner die Zukunft sehen kann.

Auf Rechthaberei zu verzichten heißt nicht, von seiner Überzeugung Abstand zu nehmen. Es ist jedoch ein Unterschied, ob man eine These vertritt, weil man grundlegend von ihr überzeugt ist oder ob man sie weiterhin vertritt, nur weil man rechtbehalten will, obwohl Gegenargumente überzeugen.

Eine gute Orientierung, um sicherzugehen, nicht rechthaberisch, sondern intelligent zu handeln, ist die Überlegung: Ist die Äußerung oder Handlung, die ich als Nächstes vollziehen will, wirklich die beste Möglichkeit, die mir zur

Verfügung steht? Das schließt moralisch vertretbare Entscheidungen ebenso ein wie die Fähigkeit, andere Menschen und Meinungen zu akzeptieren. Purer Egoismus wird zurückgestellt, ohne dass man seine grundlegende Haltung und seine Überzeugungen aufgibt. Vor der Handlung steht das Reflektieren im Hinblick auf sich selbst und andere.

3. Wer hat einen Profit?

Wer einen Vorteil hat, ist eine Frage, die man in der Praktischen Philosophie gern stellt, um Zusammenhänge zu klären. Für Kriminalisten ist sie grundsätzlich entscheidend. Doch angemessenes Hinterfragen ist auch im Alltag, privat oder beruflich, hilfreich. Es ist immer gut, wenn klar ist, wem eine Situation, eine Entscheidung oder ein Prozess etwas bringt. Proklamiert jemand reine Menschenliebe, so kann es gut sein, dass andere Motive eine größere Rolle spielen. Selbstloses Handeln kommt nicht unbedingt gut an, weil ein Ungleichgewicht entsteht. Menschen begrüßen im Allgemeinen Situationen, in denen jeder einen Gewinn hat, sodass Geben und Nehmen im Gleichgewicht sind – also sogenannte Win-win-Situationen entstehen. In extremen Lagen und Ausnahmesituationen gelten andere Gesichtspunkte; doch Menschen, die beispielsweise aus einer bedrohlichen Situation gerettet wurden, haben das Bedürfnis, sich bei den Helfern zu bedanken und so ihren Beitrag für einen Ausgleich zu leisten. Hauptberufliche Helfer wiederum erhalten den Ausgleich durch Bezahlung.

Ist man über den Profit informiert, den jemand hat, so weiß man etwas über seine Motive. Stellt jemand etwa neue Regeln auf, so hat er dazu einen Grund, sei es in einer Organisation, einem Betrieb oder anderweitig. Nun muss es nicht unbedingt sein, dass er den wahren Grund nennt, wofür er wiederum ein nachvollziehbares Motiv hat. Wenn diejenigen, die von dem Regelwerk betroffen sind, die tatsächlichen Gründe kennen, können sie den Vorgang jedoch besser verstehen und ihr eigenes Verhalten besser planen. Denkt man an üble Nachrede oder Streuung falscher Informationen, so ist es relevant, herauszufinden, wer davon profitiert, damit man sich dagegen wehren kann. Mancher Betrug würde im Übrigen nicht stattfinden, wenn die Betrogenen sich die Frage nach dem Benefit gestellt hätten, den jemand daraus zieht.

Sieht man sich an, für wen etwas von Nutzen sein könnte, so muss die Antwort, die man darauf findet, andererseits nicht zwangsläufig richtig sein. Die Frage nach dem Vorteil ist eine Vorsichtsmaßnahme, die durchaus zu falschen Schlussfolgerungen führen kann. Derjenige, der einen Vorteil von etwas hat, trägt häufig auch die Verantwortung, aber nicht zwangsläufig. Wie in der Kriminalistik muss man beachten, ob jemand außer einer denkbaren Motivation die Möglichkeit und die Mittel gehabt hat. Man kann auch einen Benefit durch die Handlung eines anderen erlangen und versuchen, ihn zu dieser Handlung zu bewegen. Zudem ist zu bedenken, dass Menschen etwas initiieren können, ohne sich der Folgen bewusst zu sein. Ebenso können Menschen es so aussehen lassen, als wären andere verantwortlich und hätten einen Vorteil. Deshalb ist es wichtig, die Fragestellung zwar zu nutzen, aber andere Faktoren nicht zu vernachlässigen bzw. die Recherche nach dem Nutzen oder den Motiven auszuweiten. Der Selbstschutz, den die Frage beinhaltet, soll nicht zu Vorverurteilungen führen.

Die andere Seite der Medaille ist, auch für die eigenen Handlungen die Frage zu stellen, für wen sie gut sind und welche Auswirkungen sie haben. Wenn man z. B. für eine Organisation spendet, sind Fragen berechtigt wie: Kommt die Zuwendung wirklich da an, wo man meint? Wird sie so verwendet, wie sie intendiert war? Natürlich kann die Frage auch selbstkritisch gestellt werden und man entdeckt, dass man sich selbst etwas vorgemacht hat.

Auch die Fragestellung „Wem schadet etwas?" führt oft zu wichtigen Erkenntnissen. Der Verursacher des Schadens kann jemand sein, der davon profitiert, dass ein anderer genau diesen Schaden erleidet.

Schon die alten Römer fragten bei Gerichtsverhandlungen, wer denn einen Vorteil von dem Verbrechen hatte. Ein klassisches Beispiel ist in die Geschichte eingegangen.

Marcus Tullius Cicero (106 - 43 v. Chr.)

Cicero, der berühmte Politiker und Philosoph, betätigte sich auch eine Zeitlang als Anwalt. Eines Tages verteidigte er einen armen Mann, der beschuldigt wurde, seinen wohlhabenden Vater umgebracht zu haben. In Wirklichkeit hatten andere Verwandte ihn ermordet. Sie nutzten ihre Verbindung zu einem Gefolgsmann des Herrschers Sulla, der den toten Vater auf die Liste der Geächteten schrieb. Das Vermögen von geächteten Personen ging automatisch an den Staat, der es der Verwandtschaft für wenig Geld zum Kauf anbot. Die Mörder erwarben nun von dem Gefolgsmann die Besitztümer des geächteten und ermordeten Vaters für einen Spottpreis. Um sicherzugehen, dass der Sohn als nächster Verwandter auf alle Fälle leer ausging, bezichtigten sie ihn des Mordes.

Cicero, der glänzendste Redner seiner Zeit, begann seine Ausführungen zur Verteidigung mit dem Hinweis, dass er sich an rhetorischem Geschick nicht mit den Richtern messen könnte, was ihnen schmeichelte und sie milde stimmte. In seiner Rede brachte er die Sprache auf die Frage, wem das Verbrechen Nutzen gebracht hatte. Warum, so führte er aus, sollte ein relativ mittelloser Mann seinen Vater ermorden, dessen Besitz bereits an andere

Verwandte gefallen war? Vielmehr hätten doch diejenigen profitiert, die sich der Besitztümer bemächtigt hatten und sich auch mit den Formalitäten auskannten, während der Angeklagte die Stadtverwaltung und die Gerichte fürchtete, weil er keinerlei Kenntnisse von Gesetzen und Regelwerken besaß.

Cicero überzeugte die Richter, und zwar unter Lebensgefahr. Der Gefolgsmann Sullas hätte durchaus erreichen können, dass man Ciceros Argumentation nicht folgte und ihn hart bestrafte. Aus diesem Grund hatten viele andere Juristen die Verteidigung nicht übernommen. Doch der Angeklagte wurde freigesprochen und Cicero kletterte auf der Karriereleiter weiter nach oben.

4. Dummheit als Ursache

Immer wieder macht man die Erfahrung, dass man vergessen, missverstanden oder verletzt wird. Eine Richtlinie der Praktischen Philosophie besagt, dass man dieses Verhalten nicht gleich auf böse Absicht, Vorsatz oder Heimtücke zurückführen soll. Es kann nämlich schlicht auf Dummheit oder Vergesslichkeit beruhen. Erhält man beispielsweise nicht die zu Recht erwartete Einladung zu einer Feierlichkeit, so tendiert man dazu, das negativ zu interpretieren, und sucht nach Gründen, die in Ereignissen der Vergangenheit liegen. Tatsächlich ist es viel wahrscheinlicher,

dass man vergessen wurde. Sobald Gefühle wie Verletzt-
heit ins Spiel kommen, vernachlässigt man oft die nächstliegende plausible Erklärung. Diese Erkenntnis gibt es als
„Hanlon's Razor" (deutsch: „Hanlons Rasiermesser")
schon länger. Sie lautet (sinngemäß): **„Schreibe nicht
dem Motiv der Bosheit etwas zu, was du mit Dummheit erklären kannst."** Wo genau der Ursprung des Prin-
zips liegt, weiß man nicht.

Im Alltag gibt es oft Situationen, in denen man auf die
wahrscheinlichste Erklärung als Letztes kommt. Jemand
ruft nicht zurück, vergisst einen Termin oder sagt etwas,
was im eigenen Kopf unangenehme Assoziationen auslöst.
Schon denkt man, man wäre übersehen, kaltgestellt oder
beleidigt worden. Setzt man Hanlon's Razor ein, dann hat
man die Chance, die negativen Gefühle zu überwinden
und die Vernunft walten zu lassen. Es ist unwahrschein-
lich, dass jemand die Intention hatte, mit seiner Handlung
einen anderen zu verletzen. Wahrscheinlicher ist, dass er
etwas absichtslos getan hat oder ohne hinreichende Sorgfalt. Geht man davon aus, so spart man sich eine Menge
Ärger. Anderen Menschen schlechte Absichten zu unter-
stellen, erzeugt Stress, den man mit Hanlon's Razor vermeidet. Man hat eine bessere Ausgangsbasis, das Ganze
mit neutraler Haltung zu klären. Auseinandersetzungen
und Konflikte können vermieden werden. Nimmt man
böse Absicht an, so kann gerade diese Ausgangsposition
Probleme auslösen, vor allem, wenn sie falsch ist. Typisch

dafür sind Konflikte zwischen Nachbarn. Dass einer zu laut feiert, seine Pflanzen zu nahe am Zaun wachsen lässt oder die Mittagspause nicht einhält, sind oft Gründe für jahrelangen Zwist. Geht man davon aus, dass man nicht respektiert oder vorsätzlich geärgert wird, so hat man schon die emotionale Grundlage für gegenseitiges Unverständnis geschaffen. Nichts von den störenden Handlungen muss etwas mit der eigenen Person selbst zu tun haben. Hanlon's Razor schafft die Möglichkeit, den Nachbarn nicht mit Vorwürfen zu konfrontieren, sondern erst einmal seine wirkliche Motivation herauszufinden. Vielleicht weiß er es nicht besser. Also ist die Unterstellung von Dummheit oder Unbedachtheit konstruktiver als die Unterstellung von Bosheit.

Diese Haltung ist immer dann günstig, wenn jemand etwas tut, das unerwünschte Konsequenzen für andere hat. Als alltagstaugliche Einstellung kann man sich vornehmen, erst einmal keine negativen Motive anzunehmen, wenn man Handlungen auch mit anderen Gründen erklären kann. Das erweitert die objektive Suche nach den echten Motiven und Hintergründen. Wenn jemand nicht zurückruft, so ist er wahrscheinlich weder böswillig noch dumm, sondern eher überfordert und gestresst. Oder er braucht einfach noch ein bisschen Zeit und man erwartet den Rückruf zu schnell.

Die Anwendung von Hanlon's Razor sagt nichts darüber aus, ob eine Handlung, deren Motiv man herausfinden will, gerechtfertigt war oder nicht. Natürlich kann jemand etwas Falsches tun, auch wenn es nicht böswillig war. Und natürlich ist es in Ordnung, das zu benennen. Die Richtlinie soll dazu verhelfen, zunächst etwas kritisch zu prüfen, bevor man spontan unverhältnismäßig oder unangemessen reagiert. Gerade im Beurteilen der Handlungen anderer Menschen liegt man oft falsch. Man tut sich selbst etwas Gutes und kann moralisches Handeln für sich beanspruchen, wenn man nicht von vorneherein eine böse Absicht unterstellt.

Hanlon's Razor gilt für den Alltag im Privat- und Berufsleben, also für die üblichen Herausforderungen, und nicht für extreme, z. B. politische, Ereignisse. Er beinhaltet nicht, dass Handeln aus böser Absicht ausgeschlossen wäre und man sich nicht dagegen wehren dürfte. Unlautere Motive sollte man selbstverständlich durchschauen und sich gegen sie wappnen. Es gibt Situationen, in denen der Selbstschutz oder die Erfahrung erst einmal zu der berechtigten Annahme führen, dass nichts Gutes geplant war und deshalb auch nichts Gutes geschehen ist. In solchen Fällen ist es sicherlich besser, sich im Zweifel lieber vom Gegenteil überzeugen zu lassen, als blauäugig gute Absichten vorauszusetzen.

Hanlon's Razor fordert dazu auf, sich bei Beurteilungen erst einmal daran zu orientieren, was das Wahrscheinlichste ist. Dazu gehört auch, sich in den anderen hinzuversetzen, also ein gewisses Maß an Empathie. Gleichzeitig sollte man bei Menschen, die man etwas näher kennt, einbeziehen, wie sie sich bislang verhalten haben. Gibt es gute Gründe anzunehmen, dass ihr Handeln nachvollziehbare Motive hat, die nichts mit Bosheit zu tun haben? Wie verhält der andere sich normalerweise, welchen Charakter hat er? Hanlons's Razor hilft, eine übliche Vorgehensweise zu vermeiden: Man verurteilt schnell und bei der ersten Gelegenheit, ohne andere Faktoren zu berücksichtigen. Diese Einstellung beschwört in vielen Fällen erst den Konflikt herauf, den man irrtümlich annimmt und den man bei eingehender Prüfung der Motive hätte vermeiden können. Schon Missverständnisse können viel Unheil anrichten, wenn sie unaufgeklärt bleiben.

Falls die allgemeine Grundhaltung gegenüber anderen Menschen wohlwollend ist, nimmt man eher an, dass Handlungsmotiven ein guter Willen zugrunde liegt. Doch diese Einstellung ist nicht üblich, man muss sie sich anerziehen. Dass Menschen zu vorschnellen Annahmen kommen und Schlüsse ziehen, die der Realität nicht entsprechen, erkannte auch ein Pressesprecher der Premierministerin von Großbritannien, Margaret Thatcher, der (sinngemäß) feststellte: „Viele Journalisten glauben fest an die Theorie, dass die Regierung mit Verschwörungen zu tun hat. Würden sie ihre Arbeit besser machen, kämen sie eher zu der Überzeugung, dass die Regierung vieles verpfuscht."

Hat man aber Grund zur Annahme, dass bei bestimmten Aktionen Vorsicht geboten ist, dann kann man sich der Sachlage neutral, aber vorsichtig nähern. Auch wenn man erst· einmal etwas Gutes annimmt, kann man auf das Schlimmste vorbereitet sein. Vorurteile zu vermeiden und sich zu schützen schließt sich nicht gegenseitig aus.

5. Das Nächstliegende zuerst

Im Alltag

Hat man sich davon getrennt, Handlungen anderer Menschen schnell als böse Machenschaften anzusehen, so kann man sich auch gleich noch davon verabschieden, Annahmen und Lösungen komplizierter zu machen, als sie sind. Wenn man abends nach Hause kommt und aus dem Wohnzimmer Hilfeschreie ertönen, dann ist es wahrscheinlicher, dass Familienmitglieder einen Krimi sehen, als dass gerade ein Überfall stattfindet. Natürlich ist eine Wahrscheinlichkeit keine Sicherheit. **Der Ratschlag aus der Praktischen Philosophie ist, sich Stress zu ersparen und den Überblick zu behalten, indem man zuerst das Nächstliegende erwägt und nicht das Unwahrscheinliche oder Schlimmste.** Im alltäglichen Leben tut man das automatisch in vielen Situationen. Sieht man das Auto des Nachbarn nicht auf seinem Grundstück stehen, so nimmt man an, dass er damit weggefahren ist und nicht, dass es gestohlen wurde. Geht der Fernseher aus, wenn man die Aus-Taste gedrückt hat, so nimmt man an, dass das eine die Ursache für das andere ist. Man denkt nicht, dass der Fernseher genau in dem Moment kaputt gegangen ist, in dem man die Taste betätigt hat. Beim PC kann es schon schwieriger werden. Manche Menschen neigen eher dazu, anzunehmen, dass er defekt ist, als nachzuprüfen, ob jemand den Stecker gezogen hat oder das Kabel gelockert ist.

Spieler schätzen ihre Chancen ständig chronisch falsch ein. Die nächstliegende Erklärung, dass es Spielbanken gibt, ist, dass sie Gewinne machen, was impliziert, dass die Spieler unterm Strich verlieren. Die einfachste Erklärung könnte schon eine Verhaltensänderung unterstützen. Wie viele Verschwörungstheorien sind noch glaubhaft, wenn man den simplen Ansatz verfolgt, eine einfache Erklärung anzunehmen, und zwar solange, bis sie eindeutig widerlegt ist? Es ist besser, einleuchtende Erklärungen zu akzeptieren als unbeweisbare Behauptungen. Man nimmt ja auch nicht an, dass dunkle Mächte die Herrschaft über das Ein- und Ausschalten des Fernsehers haben und in Wirklichkeit sie es sind, die das Ausgehen steuern, bis sie eines Tages zuschlagen und ihre Herrschaft ausnutzen.
Es gibt viele Situationen, in denen es vernünftig ist, eine einfache und naheliegende Erklärung anzunehmen, die dann auch entlastet statt belastet. Ist jemand zur verabredeten Zeit nicht da, ist es vernünftig, zunächst einmal anzunehmen, dass er zu spät aufgebrochen ist oder im Stau

steht. Viel unwahrscheinlicher ist, dass ihm etwas zugesto-
ßen ist. Natürlich gilt es immer, andere Faktoren einzubeziehen. Meldet sich jemand eine unangemessen lange Zeit
nicht, so ist es selbstverständlich vernünftig, tätig zu werden.

Es ist bei solchen Dingen alltagstauglich, sich die wahrscheinlichste Lösung zu eigen zu machen, denn sie führt
zum geringsten Stress und erleichtert dadurch den Alltag.
Auch um Probleme anzugehen, hilft der Ansatz. Oft
kommt man auf die Lösung zuletzt, weil sie einfach ist.
Man kann sich aber angewöhnen, zunächst einfache und
dann erst komplizierte Sachverhalte ins Auge zu fassen,
nach dem Prinzip „Vom Einfachen zum Komplexen". Oft
wird herablassend geurteilt „Das ist ja einfach …". Ja, aber
darauf zu kommen, war vielleicht schwierig.

Vom einfachsten Sachverhalt auszugehen heißt nicht, dass
diese Annahme sich als korrekt erweist. Sie ist ein Hilfs-
instrument, um möglichst stressfrei zu bleiben und sich
nicht vor unlösbaren Problemen oder schrecklichen Kata-
strophen zu sehen. Oft erweist sie sich als richtig, schon
aufgrund der statistischen Wahrscheinlichkeit. Den we-
nigsten Menschen, die zu spät zu einem Termin erscheinen, ist etwas Schlimmes passiert. Ob die These tatsächlich richtig oder falsch ist, stellt sich naturgemäß später
erst heraus. Natürlich kann jemand in einen Unfall verwi-
ckelt sein und deshalb nicht erscheinen.

In der Wissenschaft

Auch in der Wissenschaft gibt es die These, dass man keine unnötigen Annahmen machen sollte, wenn man auch ohne sie auskommt. Das Prinzip bezeichnet man als „Ockhams Razor", weil es auf den Mönch und Philosoph William von Ockham zurückgeht. Hat man mehrere Erklärungsmodelle zur Auswahl, sollte man zunächst das einfachste wählen, und es erst erweitern, wenn es nicht ausreicht, bzw. sich als falsch erweist. Dann ändert oder verwirft man es. Bei Bedarf greift man zu Nummer zwei auf der Liste, die sich nach dem Prinzip „von einfach bis kompliziert" sortiert. Dieses Denken kann man auf den Alltag übertragen. Wie kann man am einfachsten etwas bewältigen? Selbstverständlich sind oft weitere Kriterien nötig, wie etwa Effektivität oder das Vorhandensein von Ressourcen.

In der Kommunikation

Die Regel, das Nächstliegende anzunehmen, kann man auch auf die Kommunikation beziehen, vor allem auf kontroverse Diskussionen. Dazu ist eine grundsätzlich wohlwollende Einstellung anderen Menschen gegenüber nützlich. Man interpretiert die Äußerung anderer Menschen im besten Sinne. Solange man sie als vernünftigen Beitrag interpretieren kann, sollte man sie als solchen nehmen und nicht einzelne Wörter nutzen, um sie abzuqualifizieren oder als falsch zu brandmarken. Ein einfaches Beispiel zeigt, wie selbstverständlich man das mit bekannten Begriffen tut. Redet jemand von einem Handy, so kann sich der Sprecher darauf verlassen, dass die Zuhörer von einem Mobiltelefon ausgehen und nicht darauf hinweisen, dass es das Wort im Englischen gar nicht mit der Bedeutung mobiles Telefon gibt, sondern ein Eigenschaftswort ist und „nützlich/praktisch" bedeutet.

Man drückt sich manchmal aber etwas unglücklich aus, fügt einen mehrdeutigen Begriff ein oder verspricht sich. Auch in diesem Fall sollte man darauf vertrauen können, dass die Zuhörer den Kern der Aussage aufnehmen. Sagt jemand „Diese Bank ist nicht zu gebrauchen", dann unterstellt man nicht ein Geldinstitut, wenn aus dem Zusammenhang hervorgeht, dass eine Sitzbank gemeint ist. Drückt sich jemand unklar oder mehrdeutig aus, sollte man die bestmögliche Interpretation im Sinne des Sprechers annehmen. Normalerweise kann man sie aus dem Gesamtzusammenhang, der Situation oder sogar der Kenntnis der Person schließen. Man sollte erst einmal davon ausgehen, dass auch andere sich so informativ und klar ausdrücken, was sie meinen, wie man es selbst auch anstrebt.

Diese Vorgehensweise ist so lange angemessen, wie es keinen Grund gibt, sie fallenzulassen. Natürlich gibt es viele Wortbeiträge, denen man mit gutem Grund entgegenwirkt. Auch hier ist die Regel eine Hilfestellung, mit der man Konflikte um Dinge vermeidet, um die es im Kern gar nicht geht. Unnötige Berichtigungen sind dem Sprecher unangenehm und stellen im schlimmsten Fall nur ein Dominanzgehabe des Zuhörers zur Schau. Man sollte immer versuchen zu verstehen, was der Sprecher im Wesentlichen meint. Verfolgt man dieses Ziel, entwickelt man mehr Empathie, im Grunde nicht nur für andere, sondern auch für sich selbst. Außerdem schult man seine eigene präzise Ausdrucksweise und Argumentationsfähigkeit. Hört man jemandem wohlwollend zu und gibt sich Mühe, ihn zu verstehen, dann erhöht man dessen Selbstvertrauen, sich zu äußern.

Menschen reden lieber mit den Mitmenschen, die sie verstehen, als mit denen, die sich sofort auf einen Schwachpunkt stürzen, um etwas zu widerlegen. In verschiedenen Äußerungen liegen oft keine Widersprüche. Man kann sie künstlich erzeugen, oder man kann stattdessen Gemeinsamkeiten betonen. Man kann eine kleine Ungereimtheit hochspielen oder sie auf sich beruhen lassen. Man kann den Fokus auf die Kernaussage eines Redebeitrags legen und signalisieren, dass man sie verstanden hat, oder eine Kleinigkeit in der Rede des anderen Sprechers attackieren, die eine untergeordnete Rolle spielt, um seinen eigenen Standpunkt in den Vordergrund zu rücken. Das eine verstärkt Auseinandersetzungen, das andere fördert Gemeinsamkeit.

6. Nur 10 Prozent zählen wirklich

Eine radikale These der Praktischen Philosophie besagt, dass man auf 90 Prozent von allem, was angeboten wird, verzichten kann, weil es nicht zu gebrauchen ist. Sucht man beispielsweise ein neues Gerät, dann sagt die These, dass nur 10 Prozent der marktüblichen Produkte wirklich gut sind. Aufgrund der Vielzahl heutiger Angebote muss man hinzufügen: für genau die Zwecke, für die man sie benötigt. Es muss sich auch nicht um genau 10 Prozent handeln, es können auch etwas mehr oder weniger sein. Doch die Kernaussage steht. **Nur das Wenigste von dem, was man findet, wenn man etwas sucht, entspricht der gewünschten Qualität.** Deutlicher wird die Bedeutung der Behauptung, wenn man nach Dienstleistern Ausschau hält. Wo im Bereich Handwerk, Medizin o. Ä. erhält man das, was einem nutzt? Geht man auf die Suche, muss man anfangen zu filtern. Für das verbliebene Ergebnis kann man die These sogar noch erweitern: Unter den ca. 10 Prozent, die übrig bleiben, gibt es immer noch gravierende Unterschiede.

Woher kommt die gewagte Aussage? Der amerikanische Science-Fiction-Schriftsteller **Theodor Sturgeon (1919 – 1985)** bekam zu spüren, dass man seine Art von Literatur, die als Genre zu dieser Zeit noch recht neu war, oft belächelte und verspottete. Darauf reagierte er eines Tages mit dem Hinweis, dass „90 Prozent der Science-Fiction grob ist", und er fügte hinzu: „Das liegt daran, dass 90 Prozent von allem immer grob sind". Unter grob verstand er mindere Qualität. Diese Aussage bezeichnete man im Folgenden als **„Sturgeons Gesetz"**. Nun versteht es sich von selbst, dass Science-Fiction-Literatur, wie viele andere Werke, vom Standpunkt des Betrachters abhängen. Trotzdem kann man dem Gesetz etwas für den Alltag abgewinnen.

Zunächst einmal macht das Gesetz bewusst, dass viele sehr günstige Angebote, die man nutzt, vielleicht nicht die gewünschte Qualität haben, sodass man zwar nicht viel Geld ausgibt, es aber hätte besser anlegen können. Ein Gerät, das nach wenig Gebrauch defekt ist, ist letztlich das Geld nicht wert. Muss man mehrere davon erwerben, hätte man schon ein qualitativ hochwertiges für die Summe bekommen.

Aber auch immaterielle Vorteile spielen eine Rolle. Nutzt man eine Reihe von wenig ergiebigen bzw. qualitativ minderwertigen Informationsquellen, so vergibt man mehr Zeit, als wenn man einmal eine hochwertige sucht und die dann wahrnimmt. Es lohnt sich also, gute Informationsquellen ausfindig zu machen.

Ebenso lohnt es sich, sich für den Unterschied zwischen niedriger und hoher Qualität zu sensibilisieren. Darüber hinaus ist es von Vorteil, eigene Kriterien dafür zu finden, wie hoch der eigene Anspruch ist. Es ist sogar nützlich, zu wissen, wo man für sich selbst die unterste Grenze definiert. Beides führt dazu, dass man zahlreiche Quellen gar nicht mehr ansteuert, sondern weiß, wo man stattdessen sucht. Das gilt für Informationen ebenso wie für Produkte. Was jeweils gute Qualität ist, hängt u. a. von der Situation ab. Es kann eine hervorragende Gartenschere sein, die man für seine Rosen einsetzt, es kann aber auch ein Film sein, mit dem man entspannen will. Das ist subjektiv. Die Berücksichtigung von Sturgeons Gesetz animiert lediglich dazu, die Suche vernünftig und zeitsparend einzugrenzen. Sie sagt nichts über objektive Qualität aus. Der Film, mit dem man entspannt, kann mit schlechten Beurteilungen behaftet sein, doch er erfüllt in einer bestimmten Situation einen Zweck.

Begibt man sich auf die Suche nach etwas, so ist es gut, Sturgeons Gesetz zu kennen. Man weiß, dass viele Auswahlmöglichkeiten gar nicht infrage kommen. Das hilft, eine falsche Entscheidung zu vermeiden und sich auf die Suche nach den passenden ca. 10 Prozent zu konzentrieren. Es kann auch sein, dass man etwas braucht, z. B. fachliche Literatur, und zunächst auf Unbrauchbares stößt. Vertraut man auf Sturgeons Gesetz, dann sucht man so lange weiter, bis man das wenige Richtige findet.

Wenn man sich mit anderen auseinandersetzt, eignet sich Sturgeons Gesetz als Stress sparende Hilfestellung. Es gibt zuweilen Diskussionen und Argumentationen, mit denen man sich nicht auseinanderzusetzen braucht, weil sie unter die 90 Prozent fallen, die es nach den eigenen Maßstäben nicht wert sind. Gleichzeitig ist es sinnvoll, sich bei Erörterungen auf die geringe Prozentzahl der ernstzunehmenden Argumente zu konzentrieren. Was ohnehin nicht umgesetzt wird, braucht man nicht zu beachten. Was eine realistische Chance hat, kann man übernehmen und ausbauen.

Selbstverständlich trifft das nicht auf alle Erörterungen zu, selbstverständlich gibt es viele Ausnahmen zur 90-Prozent-Regel. Sie ist lediglich eine Hilfestellung, um sich das Leben in den entsprechenden Situationen leichter zu machen. Kennt man sie, kann man sie anwenden. Kennt man sie nicht, verschwendet man vielleicht eine Menge Energie. Menschen, die etwas auf den Markt bringen wollen, sei es ein physisches Produkt oder ein Beitrag, tun gut daran, sich zu überlegen, ob sie die Regel beachten. Was streben sie an? Sich unter den vielen minderwertigen und durchschnittlichen oder den wenigen hochwertigen Angeboten wiederzufinden? Wichtig ist eine **bewusste** Entscheidung, für das eine oder andere.

Sturgeons Gesetz beinhaltet keine feststehende Wahrheit, sondern eine Tendenz. Entscheidet man sich für die Anwendung, dann mit gesundem Menschenverstand. Im Wesentlichen dient es dazu, sich klarzumachen, dass es auf so gut wie jedem Gebiet eine kleine Menge sehr guter Qualität gibt. Man kann immer noch darüber nachdenken, was man für sich in Anspruch nehmen möchte. Aber man ist nicht so enttäuscht, wenn man zu einer Auswahl aus den vielen weniger hochwertigen Angeboten greift. Wird man selbst oder das eigene Angebot kritisiert, so gilt auch hier: ca. 90 Prozent der Kritik ist minderwertig, nur die besten ca. 10 Prozent der vorgebrachten Argumente sollte man ernst nehmen. Vielleicht sensibilisiert diese Regel auch darin festzustellen, was überhaupt als Argument gelten kann.

7. Positiver Überschuss in der Bilanz

Eine Lebensweisheit der Praktischen Philosophie besteht darin, **für ein Plus beim Geben in der persönlichen Bilanz zwischen Geben und Nehmen zu sorgen.** Die Idee findet sich inhaltlich u. a. schon bei **Robert Baden-Powell (1857 – 1941)**, dem britischen Offizier, der die Bewegung der Pfadfinder schuf und sagte: **„Versucht, die Welt ein bisschen besser zurückzulassen, als ihr sie vorgefunden habt."**

Diese Regel ist deutlich von moralischen Prinzipien geprägt und will gerade dadurch ein positives Lebensgefühl erzeugen. Unter diesem Gesichtspunkt dient sie dem Menschen selbst ebenso gut wie den anderen, denen er etwas zukommen lässt. Eine einfache Möglichkeit wäre, beim Einkaufen für sich selbst auch etwas für andere zu spenden. Das kann eine Zuwendung für einen Bettler sein, wenn man durch die Innenstadt läuft, eine Spende für ein soziales Kaufhaus in Form von Dingen, die man zu Hause aussortiert, oder eine Kleinigkeit ins Fach des Tierheims, das viele Märkte zur Verfügung stellen.

Die Regel kann man auch für Aktionen in Vereinen oder vergleichbaren Gruppen anwenden, indem man Hilfe etwas öfter zur Verfügung stellt, als man seinerseits erbittet. Zu den großen Themen unserer Zeit gehört der Umgang mit Energie. Hier wird es schon schwierig, für einen Ausgleich der Energie zu sorgen, die man verbraucht. Wenn das gelingt, wäre es im Sinne der Regel sicher ein angemessenes Ergebnis. Doch man soll auch Kleinigkeiten nicht vergessen. Bei einem Spaziergang Müll da landen zu lassen, wo er hingehört, ist schon ein Beitrag zur positiven Bilanz, vor allem, wenn es fremder Müll ist. Dass man selbst keinen Müll liegenlässt, sollte sich bei Anwendung der Regel von selbst verstehen. Sie bedeutet – bei diesem Beispiel - nicht, dass man das eigene umweltfeindliche Verhalten ausgleicht, indem man das der anderen mildert.

Die Regel beinhaltet nicht, irgendeine Form von Zählen der guten Taten anzuwenden oder sich strenge Ziele zu setzen. Sie ist ein Anhaltspunkt, um sich bewusst zu machen, dass man in der Lage ist, etwas Gutes zu tun. Vielleicht ist man bisher an Bettlern vorübergegangen, ohne einen Gedanken an sie zu verschwenden. Vielleicht hat man nie darauf geachtet, dass es Sozial-Kaufhäuser gibt, die gern nutzbare Dinge nehmen, die man sonst in den Müll werfen würde. Wenn man dabei sein Verhalten ändert, was materiell nicht viel kostet, hat man mehr Gutes in die Welt gebracht.

Das Pflegen der gebenden Seite in der Bilanz heißt nicht, dass man sich ausnutzen lassen sollte. Bemerkt man, dass andere über die Maßen Hilfe einfordern, so ist es nicht unmoralisch, die Unterstützung zu stoppen oder zu reduzieren. Das Maß dessen, was man geben und bewältigen kann und will, bestimmt man stets selbst, und zwar ohne schlechtes Gewissen. Im Gegenteil soll die Gewissheit, stets etwas Gutes zu tun, zur Entwicklung der Persönlichkeit beitragen und dem Menschen ein gutes Gefühl geben. Beispielsweise kann man seine Taten dokumentieren und sich regelmäßig vergegenwärtigen.

Die Regel, etwas Gutes zu tun und die Geberseite gegenüber der Nehmerseite zu stärken, kann man auch auf sich selbst beziehen. Man kann die Fürsorge gegenüber sich selbst stärken und die Vernachlässigung der eigenen Person abbauen. Dazu muss man sich beides bewusst machen. Beispiele sind simpel, jeder findet sie für sich. Ernährung und sportliche Betätigung sind viel verbreitete Themen. Aber jeder hat seine eigenen Maßstäbe, und es gibt nur subjektive Kriterien.

Hat man Einfluss in wirtschaftlichen Zusammenhängen, so kann man gerade im Bereich Umwelt eine Menge bewirken, und seien es kleine Umstellungen. Positive Auswirkungen bleiben auch dann positiv, wenn ein weiteres Motiv einer guten Tat darin liegt, das Image zu stärken.

8. Im Jetzt leben

Das Leben im Hier und Jetzt ist nicht nur ein Element der buddhistischen Lebensauffassung. Auch die Praktische Philosophie verweist auf die Fähigkeit des Menschen, sich auf den Augenblick zu konzentrieren. Das heißt nicht, dass man Vergangenheit und Zukunft unberücksichtigt lässt. Doch man sollte sich klarmachen, wie oft man Ereignissen in der Vergangenheit gedanklich nachhängt oder sich Sorgen über zukünftige Dinge macht, die möglicherweise nicht eintreten werden oder die man besser beeinflussen kann, als man denkt. Man hat immer die Macht über die eigene Einstellung.

Am aktuellen Tag leben und handeln, war schon Gegenstand von Überlegungen in der Antike. Vom römischen Dichter Horaz (65 – 8 v. Chr.) stammt die Aufforderung „Carpe diem", was wörtlich „Pflücke den Tag" heißt und oft mit „Nutze den Tag" wiedergegeben wird. Der Dichter orientierte sich am Wachsen und Gedeihen der Pflanzen und brachte zum Ausdruck, dass man reife Früchte ernten und erblühende Blumen pflücken soll. Das übertrug er sinnbildlich auf das Leben der Menschen. **Das, was zu tun ist, soll man tun, ohne Zögern und Bedauern.** Das gilt heute noch, vom Gang zum Zahnarzt bis zum Bearbeiten der Ablage, aber natürlich weiß nur jeder selbst ganz individuell, was heute ansteht und nicht verschoben werden sollte. Es muss auch nichts Negatives sein. Man kann sich selbst beispielsweise für etwas Gelungenes belohnen, was man ohnehin zeitnah tun sollte, damit der positive Effekt wirkt.

Im selben Zusammenhang sprach Horaz davon, dass man nicht versuchen soll zu ergründen, welches Ende „die Götter vorgesehen haben" und seine Zeit nicht mit „Babylonischen Horoskopen" verschwenden soll. Viel besser wäre es doch, alles geduldig hinzunehmen und zu ertragen, was immer geschehen würde. Ob nun Jupiter mehr Winter vorgesehen hätte oder der aktuelle der letzte wäre, man sollte so weise sein, sich um die Weinreben zu kümmern – weil die das gerade brauchen – und Fernziele zu limitieren. Schon während man redet, fliegt die Zeit dahin, meinte er. Also soll man den Tag „pflücken" und in das Morgen so wenig Vertrauen wie möglich setzen (gemeint: weil man nicht weiß, ob man morgen noch Gelegenheit hat, das zu tun, was man heute tun kann).

Auch **Seneca** philosophierte schon über die Kürze des Lebens und fragte, warum Menschen so langsam in Aktivitäten wären und was sie denn zurückhalten wollten, denn (sinngemäß): „Wenn man den Tag nicht nutzt, dann schlüpft er davon. Sogar wenn du ihn nutzt, entschlüpft er. Also musst du mit der Schnelligkeit der Zeit konkurrieren, und zwar mit einem Tempo, mit dem du ihn nutzt."

Die Praktische Philosophie steigt hier ein, indem sie darauf verweist, **eine Möglichkeit zu nutzen, anstatt sie, z. B. aus Trägheit, vorübergehen zu lassen**. Das funktioniert nur, wenn man sich auf die aktuelle Situation einlässt. In keinem Fall ist gemeint, einem anderen zu schaden. Das Handeln soll moralisch immer verantwortbar sein. Günstige Gelegenheiten, andere zu übervorteilen oder kriminell zu handeln, sind nicht gemeint. Ebenso wenig ist der Grundsatz eine Aufforderung, sich übermäßigem Genuss hinzugeben. Maßvolles Handeln ist grundsätzlich gefragt, immer unter dem Gesichtspunkt, welche Konsequenzen es für die eigene Person und für andere hat.

Den Tag nutzen heißt beispielsweise, einen guten Vorsatz endlich in die Tat umzusetzen bzw. damit zu beginnen. Genauso kann es heißen, mit einer schlechten Angewohnheit aufzuhören. Es kann aber auch sein, dass man sich etwas anschaffen möchte und genau das richtige Angebot sieht. Dann heißt es zugreifen. Oder man begegnet jemandem, mit dem etwas zu klären ist. Dann heißt es überlegen, ob man die Gelegenheit beim Schopf packt.

Zum Nutzen des Tags gehört, dass man eine klare und bewusste Entscheidung trifft. Befolgen der These heißt nicht zwangsläufig, dass es immer die richtige Entscheidung ist. In menschlichen Entscheidungen liegt immer das Risiko einer Fehlerquelle. Es gibt Dinge, bei denen es gut ist, zu handeln, und es gibt Dinge, bei denen es gut ist, zu warten. Der Punkt der Praktischen Philosophie ist, die **Möglichkeit des Handelns** einzubeziehen und etwas mit Überzeugung zu tun oder zu lassen. Soll man einen dritten Anlauf nehmen, wenn etwas zweimal nicht funktioniert hat, oder nicht? Soll man einen Termin beim Vorgesetzten machen, auch wenn man Bedenken hat, oder lieber noch warten? Welche Gründe spielen bei der Entscheidungsfindung mit, vielleicht Ängste aus der Vergangenheit oder für die Zukunft? Welche rationalen Überlegungen wägen Für und Wider ab? Jeder Moment im Leben ist einmalig und unwiederbringlich, doch er kann entscheidende Konsequenzen haben. Wenn der Verstand und ein gutes Gefühl übereinstimmen und man dann noch zur Tat schreitet, hat man „Carpe diem" gut verstanden und angewandt.

Betrachtet man das Leben unter dem Gesichtspunkt, den aktuellen Tag zu nutzen, so kann diese Einstellung von vergangenen, negativ besetzten Erlebnissen befreien, weil man sich auf die bestehenden Möglichkeiten fokussiert, und sie kann Zukunftsängste mildern. Hinter klar beschlossenen Handlungen steht man mit Überzeugung. Aktives Handeln hat befreiende Wirkung. Natürlich muss es mit anderen Kriterien wie Verantwortbarkeit vereinbar sein.

Eine Gewalttat mag befreiend sein, ist aber weder moralisch verantwortbar, noch bezieht sie die Konsequenzen für sich und andere ein.

Den Tag zu nutzen heißt nicht, sich dem größtmöglichen Vergnügen zu widmen, ohne an das Gestern und Morgen zu denken. Ist jemand beispielsweise spielsüchtig, dann sollte er sich nicht darauf konzentrieren, der Sucht nachzugeben und einen Supergewinn anzustreben, weil er gerade einen Bonus erhalten hat. Besser wäre es, den Tag zu nutzen, um der Sucht zu begegnen. Vielleicht steht gerade an dem einen Tag etwas darüber in der Zeitung, möglicherweise stößt man auf einen hilfreichen Hinweis wie eine Anlaufstation. Den Tag nutzen heißt auch nicht, alles laufen zu lassen und zuzusehen, wie man ihn am besten herumbekommt, weil die Zukunft ohnehin nicht in der eigenen Hand liegt.

Die Zukunft planvoll einbeziehen und aus der Vergangenheit lernen widerspricht nicht dem Prinzip, aktuell eine Entscheidung zu fällen, hinter der sowohl die Vernunft wie auch die Emotionen stehen. Sie soll sich gut anfühlen, aber auch realistisch sein. Die These fördert, eine Balance zu finden und Extreme nicht zum bestimmenden Faktor zu machen. So kommt man (persönlich und gesellschaftlich vertretbaren) Zielen näher, auch mittel- und langfristigen, und bringt mehr Zufriedenheit ins Leben.

Den Tag nutzen ist etwas anderes als das buddhistische Prinzip der Achtsamkeit, das sich ebenfalls auf den aktuellen Moment bezieht. Dieses Prinzip meint, dass man seine volle Aufmerksamkeit auf das richten soll, womit man sich gerade beschäftigt (bedeutet also den Gegenpol zu Multitasking), während „Nutze den Tag" dazu auffordert, sich zu überlegen, womit man sich überhaupt beschäftigt. Das eine bezieht sich also auf die Art und Weise, wie man etwas tut, das andere auf die Frage, was man tut und ob das in einem größeren Zusammenhang mit Notwendigkeiten oder Wünschen der eigenen Person steht. Natürlich kann man beides praktizieren, wenn man möchte, doch es sind zwei voneinander unabhängige Lebensweisheiten.

Den Tag nutzen impliziert eine zeitliche Komponente. Man verschiebt Dinge nicht, weil sie unangenehm sind, zumal wenn sie ohnehin anstehen und unvermeidbar sind. Auch so nutzt man den Tag, weil man eine Notwendigkeit erfüllt hat und die Gedanken nicht mehr darum kreisen. Man erleichtert sich damit das Leben, und bei vielen Dingen nicht nur für diesen einen Tag. Es gibt unerledigte Dinge, die täglich schlimmer werden. Andererseits kann man dafür sorgen, dass gute Dinge entstehen oder erhalten bleiben. Auch die These „Nutze den Tag" ist kein Dogma, sondern ein Anhaltspunkt und die Aufforderung, zu überprüfen, ob man etwas Bestimmtes in Angriff nimmt. Selbstverständlich sollte man das nur, wenn keine zwingenden Gründe dagegensprechen. Wieder einmal ist gesunder Menschenverstand bei der Abwägung gefragt.

9. Gold und Platin – zwei Regeln

Die Goldene Regel eines in ethischer Hinsicht verantwortbaren Handelns hält sich seit dem Altertum bis heute. „Behandle andere so, wie du behandelt werden willst." Der große chinesische Philosoph **Konfuzius (ca. 551 – 479 v. Chr.)**, Aristoteles und Epiktet waren sich in dieser Forderung einig. Der englische Philosoph und Ökonom **John Stuart Mill (1806 – 1873)** forderte (sinngemäß): „Handeln, wie man selbst behandelt werden möchte, und den Nachbarn lieben wie sich selbst. So entsteht die ideale Perfektion von praktischer Moral." Die Goldene Regel ist sowohl in den drei Weltreligionen Christentum, Judentum und Islam präsent wie auch in fernöstlichen Religionen bzw. Lehren des Buddhismus und Hinduismus.

Die Forderung nach respektvollem und wertschätzendem Verhalten zieht sich durch Trainingseinheiten für Kommunikation ebenso wie durch die Lehren der Praktischen Philosophie. Im Umkehrschluss soll man schon deshalb Beschimpfungen, Verunglimpfungen bis hin zu Hassparolen vermeiden, weil man sie selbst nicht erleben möchte.

Die Goldene Regel enthält die Voraussetzung, dass alle Menschen das gleiche Empfinden haben, wenn es um das angemessene Benehmen in Begegnungen geht. Die Empathie gründet sich darauf, dass man dem anderen nicht das antut, was man selbst ablehnt, und dass man ihm mit dem Verhalten begegnet, das man für sich selbst als angemessen ansieht. Man geht von dem Prinzip der Gegenseitigkeit aus, wobei beiden Seiten die gleichen Bedingungen mitbringen.

Das **Problem bei der Goldenen Regel** besteht darin, dass man gar nicht immer wissen kann, was andere Menschen als angemessen betrachten. Man denke nur an die völlig unterschiedlichen Höflichkeitsregeln, die bei Japanern im Gegensatz zu europäischen Gepflogenheiten gelten: die Visitenkarte beidhändig überreichen, keine fünf Minuten zu spät kommen (ohne es vorher mitzuteilen), niemals klar und deutlich „Nein" sagen. Verstöße dagegen gelten als unhöflich. Aufgrund sozialer, kultureller und persönlicher Hintergründe kann eine andere Person völlig andere Vorstellungen davon haben, was respektvoll oder verletzend ist, sodass die Goldene Regel nicht grundsätzlich greift. Zusätzlich besteht die Gefahr, dass jemand unangenehme Gesten oder Ausdrücke verwendet und sich darauf beruft, er würde sie im Gegenzug auch gern sehen oder hören und deshalb die Goldene Regel ja anwenden. Sie hat also zwei Pferdefüße. Einmal, dass jemand gar nicht möchte, so behandelt zu werden, wie man selbst behandelt werden möchte, und zum anderen, dass jemand in einer Weise behandelt werden möchte, die man für sich selbst ausschließt.

Mittlerweile hat sich neben der Goldenen Regel die „Platin-Regel" etabliert. Sie besagt, dass man sich um die Kenntnis darum bemühen soll, wie andere Menschen behandelt werden möchten, und den Kontakt mit ihnen dann entsprechend gestaltet. Kurz gesagt, man behandelt die andere Person so, wie sie selbst behandelt werden möchte. Selbstverständlich schließt das jede Form von Gewalt aus. Die Regel ist anwendbar, solange keine andere moralische Überzeugung ins Spiel kommt. Möchte jemand beispielsweise in einer Weise behandelt werden, die man nicht vertreten kann, weil sie moralischen Grundsätzen – wie etwa Nichteingreifen in die physische Integrität eines Menschen – widerspricht, so wendet man die Regel nicht an. Die Platin-Regel berücksichtigt die Erkenntnis, dass Menschen sehr verschieden veranlagt oder durch soziale und gesellschaftliche Verhältnisse sehr unterschiedlich geprägt sind, wodurch sie verschiedene Bedürfnisse entwickeln. Im Sinne der Gleichwertigkeit aller Menschen hat jeder das Recht, **seinen eigenen Maßstäben entsprechend** behandelt zu werden, solange das andere Menschen oder allgemeingültige Gesetze nicht verletzt.

Die Goldene Regel und die Platin-Regel sind grundsätzlich nicht anwendbar, wenn es um gesellschaftlich oder persönlich schädigendes Verhalten geht, also um strafbare Tatbestände oder vergleichbares Verhalten. Soll jemand ein Bußgeld bezahlen, weil er zu schnell gefahren ist, kann er nicht erwarten, dass es ihm erlassen wird, weil der zuständige Sachbearbeiter selbst auch nicht gerne ein Bußgeld bezahlen würde. Beide Regeln sind keine Dogmen, sondern Vorschläge, die der **harmonischen und konfliktfreien Gestaltung von menschlichem Miteinander** dienen. In diesem Sinne sind sie moralische Wegweiser der Praktischen Philosophie. Heute spielen sie in Schulungen von Vorgesetzten und Mitarbeitern oder in vielschichtigen Gruppen eine große Rolle.

10. Praktische Philosophie als Hilfestellung

Die Praktische Philosophie stellt oft mehr Fragen, als sie Antworten gibt. Dadurch erweitert sich der Blickwinkel, und man kann selbst eine Antwort finden, in eigener Verantwortung. Für manche Entscheidungen eignet sich die Frage **„Was wäre, wenn jeder so handeln würde?"**

Eine andere Frage ist, ob man aus einem starren Prinzip heraus etwas tut oder lieber die spezielle Situation berücksichtigt. Gibt man z. B. einem Bettler nie oder immer etwas? Oder weicht man in einzelnen Fällen von einer Überzeugung ab, die sich letztlich als feststehende Meinung entpuppt, deren Änderung zu erwägen ist? Berücksichtigt man alle relevanten Faktoren und vor allem den aktuellen

Augenblick im Hier und Jetzt? „Im Hier und Jetzt" ist relativ. Es kann Minuten, Stunden oder Tage bedeuten, bei Krisen sogar Wochen. Steht man z. B. vor der Entscheidung, sich zu etwas anzumelden, so hat man Zeit bis zur Deadline.

Stimmt die Feststellung „Das geht nicht?" oder kann man sie überprüfen? Stimmt die Feststellung „Das tut nichts zur Sache?" oder ist es ein Ablenkungsversuch? Stimmt die Feststellung „Ich hatte keine Wahl" oder drückt man sich vor der Verantwortung?

Wie steht es mit der Ansicht über Strafen oder Belohnungen? Wonach soll man entscheiden, wer was verdient? Welche Strafe würde man für eine Tat verhängen, wenn man die Macht dazu hätte, und warum? Wie steht sie im Verhältnis zu anderen Strafen? Wenn man das Strafgesetzbuch selbst verfassen müsste, welche Kriterien würde man anlegen? Verdient jeder Mensch eine zweite Chance, und warum oder warum nicht?

Die Praktische Philosophie verweist den Menschen auf seine Fähigkeit, Vernunft anzuwenden und sich nicht so von Emotionen kontrollieren bzw. überwältigen zu lassen, dass dauerhafter Schaden entsteht. Vor allem im Stoizismus, dem starken geistigen Motor in der Entwicklung der Praktischen Philosophie, findet sich der Ansatz, dass Menschen die Kraft finden können, ihr Leben in Balance zu gestalten. Im vernünftigen Ausgleich zwischen Überlegen, Spüren und Reflektieren der Emotionen und dem Entschluss zu handeln liegt die Möglichkeit, seine eigene Persönlichkeit zu entwickeln und sein eigenes Potenzial optimal zu leben. Es geht nicht darum, Gefühle zurückzuhalten, sondern sie sich so klar wie möglich zu machen und zu dem Bewusstsein zu kommen, dass man volle Macht über die Einstellung hat, die man zu ihnen und den zugrundeliegenden Situationen entwickelt. Das ist selbstverständlich nicht einfach. Selbstmitleid führt nicht in die richtige Richtung, wohl aber Akzeptanz der Realität. Es ist oft gut, vorsichtig zu sein, während Angst hemmt. Es ist gut, Freude im Leben zu haben, doch kurzzeitiger Genuss auf Kosten von späterer Reue bringt keine Freude, z. B. ausgiebiges Feiern vor einer Prüfung oder einem wichtigen Termin.

Eine gesunde Einstellung zum gegenwärtigen Augenblick gibt Kraft für die Zukunft. Die Stoiker übten sich darin, zum Hier und Jetzt zurückzufinden, und diese wichtige Fähigkeit steht in vielen Lehren der heutigen Zeit wieder an erster Stelle. Seneca wird mit dem Hinweis zitiert (sinngemäß): „Was ist gut daran, uns immer wieder an Leiden zu erinnern, die längst zurückliegen? Sich jetzt schlecht zu fühlen, weil man sich in der Vergangenheit schlecht gefühlt hat?" Den Verstand zu gebrauchen verhilft dazu und ist eine wichtige Voraussetzung dafür, die Kontrolle über seine Person zu behalten. Denn es ist die eigene Einstellung zu dem, was passiert, was Leiden verursacht, nicht die

Situation selbst – eine These, die die Praktische Philosophie seit Jahrhunderten vertritt. **Weil den Menschen ihre eigene Einschätzung und Meinung oft unklar ist, helfen wiederum Fragen, die man sich selbst stellt:**

- ⊕ Warum reagiert man gerade in diesem Moment so heftig?

- ⊕ Welche Erfahrung oder Überzeugung steckt dahinter?

- ⊕ Verfolgt man ein „Prinzip", das nicht verletzt werden soll, obwohl es doch nur eine Ansicht ist, die man ändern kann?

- ⊕ Ist das, wie man die Situation interpretiert, wirklich richtig? Was kann man tun, um das zu klären?

- ⊕ Wohin führt die eigene Reaktion auf die aktuelle Lage der Dinge?

- ⊕ Welche alternativen Handlungsmöglichkeiten gibt es?

Die Praktische Philosophie schlägt eine Brücke zur Psychologie und zur fachmännischen Beratung im Sinne von Coachen, unter Zuhilfenahme klarer Fragestellungen. Dabei gilt immer der Ansatz, moralisch verantwortbar zu handeln, gut für sich selbst zu sorgen, aber anderen nichts Böses zu wollen, die Gemeinschaft zu berücksichtigen und im weitesten Sinne Gutes zu tun. Dazu gehören schon Kleinigkeiten, wie sich an Klatsch und Tratsch nicht zu beteiligen und über andere keine Gerüchte zu verbreiten.

11. Business

Auch im **Business-Bereich** hat die Praktische Philosophie Einzug gehalten. Einige Unternehmensberater beziehen diese spezielle Art und Weise des Denkens in ihre Überlegungen ein. Dabei soll keineswegs nur die Führungsetage beteiligt sein. **Die Mitarbeiterschaft soll für die Frage, wofür die gesamte Unternehmung steht, sensibilisiert werden, was die Identität mit dem, was sie tut, steigert.** Die Philosophie des Arbeitsplatzes ist gerade in Zeiten der Globalisierung wichtig. Jeder Beteiligte soll die Möglichkeit haben, über den Tellerrand des eigenen Arbeitsbereichs hinwegzublicken und das Große und Ganze zu sehen. Am Arbeitsprozess beteiligt zu sein bedeutet nicht nur, Geld zu verdienen, heißt die Devise. Man soll sich als jemanden wahrnehmen, der an Lösungen teilhat, die andere Menschen betreffen. Ein Produkt oder eine Dienstleistung ist für andere ein gutes Angebot, das ein Problem beseitigt. Zu dieser Einstellung ist jedoch auch erforderlich, dass die Belegschaft an Entwicklungsprozessen teilhaben und Ideen beisteuern darf. Eine identitätsstiftende Arbeit schließt ein, dass jeder sich seiner Verantwortung bewusst ist, nicht nur für die Unternehmung, sondern auch für die Menschen, die von den Produkten profitieren. Immer mehr Firmen integrieren Umweltbewusstsein in ihre Unternehmensphilosophie. Praktische Philosophie schließt heute das Nachdenken über die zunehmende Komplexität der Welt ein.

Rechtliches und Impressum

Das Werk einschließlich aller Inhalte ist urheberrechtlich geschützt. Der Nachdruck oder Reproduktion, gesamt oder auszugsweise, sowie die Einspeicherung, Verarbeitung, Vervielfältigung und Verbreitung mit Hilfe elektronischer Systeme, gesamt oder auszugsweise, ist ohne schriftliche Genehmigung des Autors untersagt. Alle Übersetzungsrechte vorbehalten.

Die Inhalte dieses Buches wurden anhand von anerkannten Quellen recherchiert und mit hoher Sorgfalt geprüft. Der Autor übernimmt dennoch keinerlei Gewähr für die Aktualität, Richtigkeit und Vollständigkeit der bereitgestellten Informationen.

Haftungsansprüche gegen den Autor, welche sich auf Schäden gesundheitlicher, materieller oder ideeller Art beziehen, die durch Nutzung oder Nichtnutzung der dargebotenen Informationen bzw. durch die Nutzung fehlerhafter und unvollständiger Informationen verursacht wurden, sind grundsätzlich ausgeschlossen, sofern seitens des Autors kein nachweislich vorsätzliches oder grob fahrlässiges Verschulden vorliegt. Dieses Buch ist kein Ersatz für medizinische oder professionelle Beratung und Betreuung.

1. Auflage
Copyright 2024 –Tobias Hallschmitt

Alle Rechte vorbehalten.
Das Werk darf - auch teilweise - nur mit Genehmigung des
Verlags vervielfältigt werden.

ISBN: 978-3-98935-506-4

Lucid Page Media (ein Imprint der Orbita Media GmbH)
Ericusspitze 4
20457 Hamburg
Deutschland
kontakt@lucidpagemedia.de

Coverfoto: Lightspring/shutterstock.com
Formatierung: Tobias Hallschmitt